**Circe Mara Marques
Manfredo Carlos Wachs**

PAZ e Educação Infantil

Escutando a voz das crianças

Dados Internacionais de Catalogação na Publicação (CIP)
(Câmara Brasileira do Livro, SP, Brasil)

Marques, Circe Mara
  Paz e educação infantil : escutando a voz das crianças / Circe Mara Marques, Manfredo Carlos Wachs. – São Paulo : Paulinas, 2015. – (Coleção pedagogia e educação)

  ISBN 978-85-356-3997-1

  1. Educação infantil 2. Paz 3. Professores - Formação profissional 4. Registro de práticas pedagógicas I. Wachs, Manfredo Carlos. II. Título. III. Série.

15-07482 CDD-370.71

Índice para catálogo sistemático:
1. Educação infantil : Professores : Formação : Educação 370.71

1ª edição – 2015

Direção-geral: *Bernadete Boff*
Editora responsável: *Roseane do Socorro Gomes Barbosa*
Copidesque: *Cirano Dias Pelin*
Coordenação de revisão: *Marina Mendonça*
Revisão: *Ana Cecilia Mari*
Gerente de produção: *Felício Calegaro Neto*
Capa e diagramação: *Jéssica Diniz Souza*
Imagem de capa: © *Sunny studio – Fotolia*

Nenhuma parte desta obra poderá ser reproduzida ou transmitida por qualquer forma e/ou quaisquer meios (eletrônico ou mecânico, incluindo fotocópia e gravação) ou arquivada em qualquer sistema ou banco de dados sem permissão escrita da Editora. Direitos reservados.

Paulinas

Rua Dona Inácia Uchoa, 62
04110-020 – São Paulo – SP (Brasil)
Tel.: (11) 2125-3500
http://www.paulinas.org.br – editora@paulinas.com.br
Telemarketing e SAC: 0800-7010081

© Pia Sociedade Filhas de São Paulo – São Paulo, 2015

PAZ e
Educação Infantil

SUMÁRIO

A infância e a paz 7

Introdução 13

1. Práxis educativa na Educação Infantil 23
   1.1. Revisitando a infância 24
   1.2. Oprimido, esperança, autonomia e indignação:
        o olhar de Freire sobre a educação 27
   1.3. Reflexões acerca do cotidiano na Educação Infantil 30
   1.4. Amar, educar e libertar: quando e como começar? 52

2. A cultura da violência e a cultura da paz 57
   2.1. Considerações referentes ao desenvolvimento
        das crianças de cinco anos 58
   2.2. Refletindo conceitos e enlaçando diferentes vozes 66
   2.3. A educação para a paz:
        uma breve abordagem histórica 86
   2.4. As contribuições de Paulo Freire
        para a educação para a paz 90
   2.5. Educar para a paz: qual é o compromisso?
        De quem é o compromisso? 93

3. A dialogicidade entre "cuidar-educar" e a educação para a paz no currículo da Educação Infantil 101

3.1. O compromisso dos adultos com a temática da paz: as concepções dos educadores e as das crianças da Educação Infantil 102

3.2. O currículo e a Educação Infantil 107

3.3. "Cuidar-educar": uma ação amorosamente planejada 110

3.4. Formas de promover a paz: perspectiva infantil 115

3.5. O direito de brincar e ser feliz 123

3.6. O brincar e a educação para a paz 125

Considerações finais 131

Referências bibliográficas 135

A INFÂNCIA E A PAZ

A história do mundo ainda está sendo contada como a história das guerras, dos heróis, dos eventos épicos constituídos por grandes lutas, de vitórias sobre outros, de mortes, destruições e saques. Hoje já existem alguns historiadores que contam a história incluindo outras realizações humanas, como as artes, a música, os movimentos religiosos, as organizações sociais, os movimentos de resistência, as proclamações e convenções, os direitos humanos (das crianças, das mulheres, dos idosos, dos excluídos...), a emergência dos movimentos de paz.

A história dos povos também poderia ser contada pelas histórias dos brinquedos das crianças. Os brinquedos são uma forma simbólica de representar o mundo vivido, como imitação, do faz de conta, de fantasia e imaginação, como uma forma lúdica de outra organização possível.

Mesmo assim o mundo vivido simbolicamente pelas crianças vem carregado de lutas, de violências, de competição, de ganhar e perder, de vencedores e vencidos, e incluídos e excluídos... No entanto, ainda sobram sinais do lúdico, das crianças, de encontro, de convivência, de respeito, de ternura.

Há sinais evidentes na criança de que a vida pode se constituir como uma aventura para o encontro, para a alegria, para o aconchego, para a paz. Entretanto, as mil e uma faces da violência, da guerra, do medo e do ódio nos fazem pensar: a violência e a guerra fazem parte da essência humana?! Ou serão uma construção infinitamente constituída pela maldade humana?!

Há muitos exemplos de arautos da paz sucumbindo pela ferocidade da violência.

No último século vivemos proclamações e declarações universais de direitos, de eventos mundiais, conclamatórios para a paz..., exatamente porque nunca na história da humanidade vivemos tragédias tão terríveis e cruéis de destruições dos homens por outros homens. Servem como apelo, antes que seja tarde demais, para que a humanidade se desarme, para que se aliviem as mãos de fuzis e bombas e se joguem flores, para que as armas sejam fundidas em arados que cultivem a terra e se possa repartir o pão em abundância, que por sua vez terá o gosto da ternura.

Caso contrário, morreremos. O universo surgiu sem o homem e pode desaparecer novamente sem ele (Lévi-Strauss). O planeta clama pelo reencontro com o cuidado essencial antes que desapareçamos como humanidade e como planeta.

Mas a violência está tão próxima do nosso cotidiano que quase a consideramos natural, como se sempre tivesse sido assim e não houvesse nada para fazer senão considerá-la e suportá-la como fatalidade.

É preciso, teimosamente, repetir: contudo, a paz é possível – contra todas as evidências, desde que assumamos o desafio de construí-la!

Como?! Quem nos dirá como construí-la – os meios de comunicação abrem campanhas para a paz quando eles mesmos estão cheios de violência, e são construtores de vencedores e vencidos, de incluídos e excluídos? Mas falamos de paz.

Primeiro devemos desmentir essa farsa, denunciar esse cinismo deslavado e ao mesmo tempo anunciar: em nível de proclamações, a paz é um direito e um dever fundamental que cada cidadão tem a capacidade jurídico-política de exigir, e, por sua vez, o dever de respeitá-la.

Esse direito exige proteção para que seja possível, por meio de uma regulação política, vir a se concretizar como: o anúncio da nova era de paz só poderá vir daqueles que sofrem os efeitos da violência instalada. Por hipótese, quem nos poderá dizer o que será um bom projeto de paz são as crianças; e teremos a certeza de que, se um projeto de paz for bom para as crianças, será bom para todos: pais, avós, familiares, colegas e todos os cidadãos...

Isso já foi dito nas fábulas contadas às crianças:

A cidade deverá ter alamedas verdes,
a cidade dos meus amores,
quem dera os moradores
... e os pintores e os vendedores,
... as senhoras e os senhores,
... os guardas e os inspetores
fossem somente crianças.
(Tradução livre de *Os músicos de Bremen*, dos Irmãos Grimm)

A nova cidade que necessita urgentemente de ser reinventada será decorrência de uma nova organização social para além do capital em todas as suas formas de exploração. Será equânime, pluritécnica, intercultural, ecumênica, será solidária produtora de cidadania e de cidadãos emancipados. Será a moradia dos humanos reencontrados.

Essa reinvenção cultural não seria articulada nem pelos homens nem pelas mulheres. Talvez a articulação de uma nova forma de relações entre os humanos seja daquele ser que essencialmente necessita de humanidade: a criança. Uma cidade boa será aquela que respeita nossas crianças.

Se reconhecermos à criança a competência, se para ela desejarmos a autonomia que ela precisa, e se nos convencermos de que a criança pode ser uma grande aliada para a mudança real e radical da cidade na perspectiva de uma nova cultura da infância, a pergunta será: como a criança pode ajudar os adultos?
Esse é o sentido do projeto "A cidade das crianças", esse é o cerne da nossa filosofia de governo da cidade: assumir a criança como parâmetro para garantia de todos os cidadãos, a partir dos mais fracos, na certeza de que, se uma cidade for adequada às crianças, será uma boa cidade para todos (TONUCCI, Francesco. *Quando as crianças dizem: "Agora chega!"*. Porto Alegre: Artmed, 2005. p. 209).

De qualquer maneira, uma coisa é certa: no dia que uma criança pegar em seu dedo e sair caminhando, você jamais se livrará dela! Ela terá capturado você para sempre!

Conclusões

Mais que as convenções faz o abraço! Faz também o anúncio de um visionário divino, assassinado pelo poder autoritário político-religioso do Império totalitário, o qual disse que quem não se tornasse como uma criança não era capaz de entender, de entrar no Reino de Deus.

A ONU declarou o ano 2000 como "Ano Internacional por uma Cultura da Paz". Essa e outras proclamações explicitam que a paz é um direito e um dever fundamental que cada cidadão tem a capacidade jurídico-política de exigir e, por sua vez, o dever de respeitar. Esse direito e esse dever exigem organização e articulação de toda a sociedade para que seja possível. Exige também uma regulação jurídica para se concretizar, nas esferas cotidianas de poder, o direito à paz.

Luis Carlos Restrepo, em *El derecho a la paz: Proyecto para un arca en medio de un diluvio de plomo* (1997), enuncia alguns aspectos para concretizar o direito à paz (tradução livre): a negação do serviço militar obrigatório; o direito a opor-se a qualquer tipo de propaganda bélica; o direito a opor-se a qualquer ideologia que estimule o ódio racial, religioso, político ou social; o direito do cidadão a negar-se ativamente diante dos atores armados; o direito a não ser excluído, sequestrado, desaparecido ou privado da liberdade; o direito a constituir zonas livres de paz e a solicitar proteção internacional para mantê-las; o direito a preferir mecanismos não armados de segurança; o direito à desobediência civil; o direito a manifestações contrárias à guerra; o direito a negar a proteção de exércitos; o direito às crianças de manterem-se protegidas de qualquer movimento de guerra de qualquer espécie; o direito dos povos à paz e a rechaçar qualquer ameaça de guerra para resolver conflitos; o direito de apelar para vias pacíficas para resolver conflitos.

Afirmar o direito à paz é comprometer-se com posturas libertárias e democráticas para a convocatória permanente da participação política, a fim de avançar na construção coletiva de uma sociedade respeitosa das diferenças e na busca de caminhos não violentos para a solução de qualquer tipo de conflito.

Em *Terra dos homens*, Antoine de Saint-Exupéry descreve o retorno dos operários para suas casas nos trens de transporte de animais, alquebrados e destituídos de sua autoestima, junto com crianças dormindo, em sua beleza e ternura originais, e se enternece: essas crianças, se tivessem condições históricas, poderiam ser gênios da arte, da música, de toda a beleza do universo... mas, infelizmente, já estão na antecâmara da estranha "máquina de entortar gente" e se tornarão sobras nas sarjetas poluídas do mundo.

Mas é preciso crer que a obra *Paz e Educação Infantil* poderá ser o templo sagrado de uma experiência privilegiada de outro mundo possível, onde a beleza, o encanto e a ternura terão seu ninho e seu protagonismo. Se é possível, é preciso não desistir jamais de um novo pacto de ternura, pois é da infância mais que de progresso que o mundo tem precisão.

INTRODUÇÃO

Antes que esta leitura provoque certo "estranhamento" no leitor, achamos importante esclarecer que o texto intercala parágrafos escritos em formas verbais diferentes. O uso de formas verbais ora na primeira pessoa do singular, ora na primeira pessoa do plural, é decorrente da metodologia utilizada. Ou seja, em alguns momentos são relatadas as experiências da autora Circe como professora de Educação Infantil e, em outros, apresentados os registros coletados na pesquisa de campo com as crianças e com os professores da turma pesquisada. Nesses relatos usamos a forma verbal na primeira pessoa do singular. Contudo, as análises dos dados coletados e os referenciais teóricos foram discutidos e refletidos em parceria pelos dois autores, Circe e Manfredo. Por isso, em grande parte do texto a forma verbal usada está pluralizada. As reflexões compartilhadas que apresentamos nesta obra são constructos do olhar de uma professora/pesquisadora de Educação Infantil e de um teólogo/educador, ambos, atualmente, atuando na formação de professores. Nesta forma de escrita, procuramos quebrar certos paradigmas e buscamos não fragmentar um texto que foi refletido constantemente em parceria dividindo autoria. É um texto a quatro mãos. Ainda é importante dizer que este livro é fruto dos estudos apresentados por Circe Mara Marques na dissertação de mestrado, orientada por Manfredo Carlos Wachs, na Escola Superior de Teologia (EST), em São Leopoldo.

Nossa atuação profissional tem-nos proporcionado compartilhar conhecimentos e experiências com professores em formação em nível médio, em nível superior e, ao mesmo tempo, preservar o vínculo frequente com o cotidiano das escolas de Educação Infantil através das visitas de supervisão de estágio e acompanhamento das atividades práticas desenvolvidas por professores em formação nas escolas infantis. Nessas experiências, cotidianamente, temos encontrado pistas sobre aquilo que ainda precisamos compreender melhor.

De acordo com as palavras de Freire (2000a, p. 32), "não há ensino sem pesquisa e pesquisa sem ensino. Esses *que-fazeres* se encontram um no corpo do outro". Essa ideia de Freire sinaliza a impossibilidade da separação entre educação e pesquisa. O autor explica isso dizendo que a indagação, a busca e a pesquisa fazem parte da prática docente. Então, pesquisa-se não só para descobrir aquilo que ainda não se conhece, mas para educar e educar-se, para conhecer e conhecer-se. Observar e ouvir as crianças e professores no cotidiano da Educação Infantil possibilitou-nos o encontro com algumas respostas e, também, com novos questionamentos que ainda não havíamos percebido ao iniciarmos a pesquisa.

Percebemos que a violência entre as crianças é um assunto que tem preocupado pais e educadores. É preciso considerar que, ao ingressarem na escola, elas trazem consigo suas experiências e histórias de vida, muitas vezes marcadas por cenas reais de violência e/ou por incontáveis informações e estímulos obtidos através dos meios de comunicação e, mesmo, através de cantigas, jogos e brinquedos infantis. Soma-se a isso a falta de tempo dos pais, a carência de afeto, além de lhes faltar, frequentemente, o suprimento de necessidades básicas, tais como moradia, alimentação, saúde... Dessa forma, ao chegarem à escola, as crianças já estão afetadas pela cultura de violência e respondem à sociedade da mesma maneira. E o que se vê é que cada dia crescem consideravelmente a quantidade e a variedade de atitudes violentas no ambiente escolar. Essas podem caracterizar-se por falta de respeito pelos colegas e professores; pela falta de limites, ao pensarem que podem fazer o que quiserem e que ninguém poderá detê-las; pelo uso da força física como forma de fazer valer sua opinião; pela competitividade e desejo de tirar vantagem. Enfim, as crianças vivem e assistem a tantas cenas de violência que se corre o risco de que elas venham a crescer imaginando que essa é a forma natural de conviver e de resolver conflitos.

Considerando o compromisso da escola com a cultura da paz, essa pesquisa teve como foco a temática da educação para a paz na Educação Infantil e a sua relação com as pessoas diretamente envolvidas na ação educativa. O objetivo foi desenvolver um estudo sobre o significado de paz e a sua compreensão por parte das crianças, e avaliar a viabilidade da abordagem dessa temática na Educação Infantil, visando à construção de uma práxis educativa preocupada com a paz. Nesse contexto emergiram as seguintes indagações: O que sabem e o que pensam as crianças sobre "paz" e sobre "violência"? Os professores são sensíveis à necessidade de trabalhar essa temática? Educar para a paz é viável na Educação Infantil?

As questões acima serão analisadas a partir de uma abordagem qualitativa, em uma realidade específica. Segundo Bogdan e Biklen (1994), a investigação qualitativa possui cinco características, embora nem todos os estudos qualitativos contemplem igualmente todas elas, podendo não apresentar uma ou mais dessas características. De forma sintetizada, são as seguintes: 1. Na investigação qualitativa, a fonte direta de dados é o ambiente natural, constituindo o investigador o instrumento principal. 2. A investigação qualitativa é descritiva. 3. Os investigadores qualitativos interessam-se mais pelo processo do que simplesmente pelos resultados ou produtos. 4. Os investigadores qualitativos tendem a analisar os seus dados de forma indutiva. 5. O significado é de importância vital na abordagem qualitativa (BOGDAN; BIKLEN, 1994, p. 47-51).

As pessoas observadas e ouvidas atentamente nesta pesquisa foram crianças de cinco anos de idade que frequentam Educação Infantil de uma escola de rede privada e os profissionais envolvidos em sua ação educativa. Essa escola está localizada na região serrana do Rio Grande do Sul e atende estudantes da Educação Infantil, do Ensino Fundamental e do Ensino Médio.

Graue e Walsh (2003, p. 76-77) pontuam que a pesquisa exige por parte do pesquisador um comportamento ético em relação aos "outros". E quando esses "outros" são sujeitos infantis, o desafio se torna ainda maior, pois os adultos estão pouco habituados a pedir às crianças ou a negociar permissão[1] para entrar em suas vidas. Segundo esses autores,

> nas relações entre adultos e crianças, os adultos são, na maior parte das vezes, aqueles que detêm o saber, dão a permissão

---

[1] A palavra "permissão" assume o sentido que lhe é dado por Graue e Walsh (2003) quando estendem seu significado a algo que permeia qualquer relação de respeito entre as pessoas, não ficando restrito ao documento de autorização para uso das informações, nomeado, comumente, "termo de consentimento".

e fixam as regras. Na investigação com crianças, os adultos são as crianças que detêm o saber, dão permissão e fixam as regras – para os adultos (GRAUE; WALSH, 2003, p. 76-77).

Então, para pesquisar com crianças é necessário libertar--se daquilo que é conhecido, familiar e rotineiro, para "dispor-se" a correr riscos, a encontrar-se como o inesperado. Para analisar as informações coletadas na pesquisa de campo, buscamos interagir com o pensamento de consagrados pesquisadores nos campos da psicologia, da sociologia, da teologia e da educação. Segundo Fazenda (2003, p. 70), "os educadores na busca de conhecimentos mais elaborados tornam-se parceiros dos teóricos que leem, dos outros educadores e dos alunos com os quais convivem".

As ideias de Paulo Freire não tiveram um lugar delimitado na pesquisa. Elas se entranharam em todo o corpo do trabalho, aliás, estão entranhadas em nosso próprio corpo de professores-pesquisadores, uma vez que acompanham nosso processo de formação inicial e continuada, e se incorporam em nosso fazer pedagógico na Educação Infantil e nos cursos de formação de professores. Elas estão, hoje, em nossa leitura crítica do mundo, em nossa esperança de mudança e em nosso desejo de contribuir para isso. Freire (2000a), ao sugerir que se discuta com os alunos a realidade concreta, indaga:

> Por que não estabelecer uma necessária "intimidade" entre saberes curriculares fundamentais aos alunos e a experiência social que eles têm como indivíduos? Por que não discutir as implicações políticas e ideológicas de um tal descaso dos dominantes pelas áreas pobres da cidade? A ética da classe embutida neste descaso? (p. 34).

Assim, as ideias de Freire mobilizaram esse estudo e, desse modo, estão embutidas na pergunta dessa pesquisa, nos caminhos metodológicos escolhidos e nas análises realizadas.

Para desenvolver a pesquisa de campo, a opção metodológica recaiu sobre a observação, o diálogo, a realização de entrevistas semiestruturadas com as crianças e com os profissionais que atuam na Educação Infantil, também sobre minha própria história como educanda e educadora na Educação Infantil. Existe uma ligação entre a "história do educador e a história de que cada um é produto" (FAZENDA, 2003, p. 76).

Ao iniciar a pesquisa, resgatamos, nas memórias de minha infância, os saberes que construí com minha família, com minha primeira professora e meus colegas de pré-escola e, também, os saberes compartilhados com colegas educadores, com as crianças e com suas famílias durante a trajetória de dezenove anos como educadora na Educação Infantil. Meu eu pesquisador tem marcas de minha história como estudante e de minha história como professora, e elas estão presentes na leitura de mundo que faço e nas concepções que tenho no campo da educação. A pesquisa, seja de campo, seja bibliográfica, também foi realizada num diálogo crítico reflexivo com a minha própria atuação como docente de formação de educadoras da Educação Infantil. Assim, sem perder de vista a estudante/educadora que fui e sou, busquei, nesta pesquisa, observar e dialogar com os profissionais que atuam na Educação Infantil e, especialmente, observar e escutar as crianças no ambiente escolar. Usamos o termo "escutar" não no sentido restrito de simplesmente ouvir o que elas dizem oralmente, mas de escutar aquilo que dizem com o corpo inteiro, usando as suas múltiplas linguagens. Segundo Rinaldi (2012),

[...] a pedagogia do escutar representa ouvir o pensamento – ideias e teorias, questões e respostas de crianças e adultos; significa tratar o pensamento de forma seria e respeitosa; significa esforçar-se para extrair sentido daquilo que é dito, sem noções preconcebidas sobre o que é certo e apropriado (p. 43).

Também Freire (2000a) afirma que,

[...] se o sonho que nos anima é democrático e solidário, não é falando aos outros, de cima para abaixo, sobretudo, como se fôssemos os portadores da verdade a ser transmitida aos demais, que aprendemos a escutar, mas é *escutando* que aprendemos a *falar com eles* (p. 127 – grifos do autor).

Seguindo o pensamento de Freire e Rinaldi, a pesquisa com as crianças se deu em forma de observações, conversas, brincadeiras e desenhos. O desenho infantil e a oralidade constituíram-se em importantes instrumentos de pesquisa com crianças pequenas, pois eles são "reveladores de olhares e concepções dos pequenos e pequenas sobre seu contexto social, histórico e cultural, pensados, vividos, desejados" (GOBBI, 2002, p. 71).

Embora eu, desde o início da pesquisa, não fosse estranha às crianças da turma – meninas e meninos de cinco anos de idade –, por já nos termos encontrado e trocado cumprimento por diversas vezes no pátio da escola, uma vez que trabalhava como professora nessa mesma instituição, procurei tornar minha presença ainda mais familiar para elas antes de iniciar as entrevistas. Então, fui me inserindo, gradativamente, nos diálogos e brincadeiras do grupo durante os momentos de observações. Depois de ter conquistado a confiança delas, lancei o convite para participarem da pesquisa. Desse modo, todas elas foram informadas sobre a intenção da pesquisa e indagadas se gostariam ou não de participar. Para isso um convite verbal foi lançado ao grupo: "Quem gostaria de fazer um desenho e contar aquilo que sabe sobre a paz?".

Tendo o consentimento das crianças, dos pais e da escola, iniciei a investigação convidando-as a fazerem um desenho sobre "o que significa PAZ". Enquanto realizavam seus desenhos, busquei ouvi-las a respeito do que estavam representando, pois aquilo que dizem enquanto produzem contribui para a "educação do olhar do adulto tantas vezes desviado, insensível, distante dos pequenos e pequenas com as quais pesquisa e trabalha" (GOBBI, 2002, p. 74).

Para dar continuidade à investigação, busquei instigá-las a expressarem, individualmente, de forma mais detalhada, as suas ideias, tendo, para isso, um guia semiestruturado de entrevista como referência, ou seja, alguns "tópicos guia" (GASKELL, 2002, p. 73-74), de modo a convidar o entrevistado a falar, sem padronizar as perguntas e sem induzi-lo a categorizar as respostas. Essas entrevistas ocorreram em diferentes espaços escolares usados pelas crianças durante sua rotina diária, tais como a sala da turma, a biblioteca, a casinha localizada no pátio da escola, a caixa de areia etc.

Para que detalhes não fossem esquecidos, as falas e observações foram registradas em um diário. Essas informações, colhidas durante o desenvolvimento da pesquisa de campo, foram entrelaçadas com referencial teórico selecionado à luz da teoria crítica. Também é importante mencionar que as identidades das crianças e dos profissionais envolvidos na prática educativa foram preservadas, de modo que todos os nomes aqui apresentados são fictícios.

No primeiro capítulo, "Práxis educativa na Educação Infantil", foi abordada a docência como função histórica. Para isso, fizemos um resgate de minhas memórias pessoais da infância e de minhas experiências como docente na Educação Infantil. Essas memórias, à luz do pensamento de Paulo Freire, contribuem para a seguinte indagação: As escolas de Educação Infantil têm oferecido às crianças a oportunidade de refletirem, opinarem, decidirem e intervirem na realidade social?

No segundo capítulo, "A cultura da violência e a cultura da paz", inicialmente são apresentadas algumas características do desenvolvimento das crianças de cinco a seis anos. A seguir articulamos os conceitos de violência, de conflito e de paz, elaborados por autores consagrados nesse campo de conhecimento com as observações realizadas na Educação Infantil e com as ideias e os sentimentos expressos pelas crianças através de suas falas e de seus desenhos. Na sequência, destacamos algumas contribuições de Paulo Freire para o fortalecimento da educação para a paz e fizemos uma breve abordagem histórica da caminhada da educação para a paz. Apontamos, ainda, diferentes setores da sociedade que precisam assumir compromisso com a cultura da paz.

O terceiro capítulo trata de "A dialogicidade entre o cuidar-educar e a educação para a paz no currículo da Educação Infantil". Considerando o fato de que as crianças, em suas falas, durante as entrevistas, fizeram referência ao "cuidar das crianças" como compromisso dos adultos para com a construção da cultura da paz, buscamos, então, refletir sobre a função "cuidar-educar" e a sua relação com a educação para a paz no currículo da Educação Infantil. A seguir, trabalhamos o campo conceitual de currículo e suas implicações na Educação Infantil. Refletimos, ainda, sobre as diferentes concepções de "cuidar" e a necessidade de esta função constituir-se em uma ação planejada por parte dos envolvidos na educação de crianças pequenas. Lançamos, então, um olhar e uma escuta para aquilo que dizem e fazem professores e professoras que atuam na Educação Infantil da escola pesquisada acerca da educação para a paz. Na sequência, olhamos, escutamos e examinamos o que pensam as crianças acerca de suas possibilidades de intervir pela paz no mundo.

Para finalizar este primeiro contato com o leitor, apropriamo-nos do pensamento de Paulo Freire ao afirmar que, "como professor crítico, sou um *aventureiro*[2] responsável, predisposto à mudança, à aceitação do diferente" (FREIRE, 2000a, p. 55). Assim, embarcamos nessa pesquisa vendo-a como uma aventura fascinante e levamos, na bagagem, a experiência com a educação de crianças de cinco anos e nosso desejo de meditar sobre a temática da paz na Educação Infantil. Carregamos, também, a expectativa de (re)construir aquilo que pensávamos, reservando um espaço não somente para incorporar novas reflexões, mas também para refletir criticamente sobre nossa ação educativa ao longo desse percurso.

---

[2] Grifo do autor.

1.
PRÁXIS EDUCATIVA NA EDUCAÇÃO INFANTIL

Antes de adentrar o capítulo inicial, devemos tomar como ponto de partida a apresentação de dois conceitos que compõem o título do mesmo: práxis e Educação Infantil. Então, a partir do pensamento de Freire (2000a), afirmamos que prática e práxis educativa não são a mesma coisa. A primeira está relacionada à realização ingênua de tarefas docentes, enquanto a segunda abarca uma reflexão crítica sobre a prática. Nas palavras de Freire, "é pensando criticamente a prática de hoje ou de ontem que se pode melhorar a próxima prática" (p. 43). Nesse sentido, o educador alerta que "[...] A reflexão crítica sobre a prática se torna uma exigência da relação Teoria/ Prática sem a qual a teoria pode ir virando bláblá e a prática, ativismo. [...]" (FREIRE, 2000a, p. 24).

Sobre a Educação Infantil, tomaremos como referência o conceito elencado nas atuais Diretrizes Curriculares Nacionais para a Educação Infantil (DCNEI), que aponta essa etapa como:

> Primeira etapa da educação básica, oferecida em creches e pré-escolas, as quais se caracterizam como espaços institucionais não domésticos que constituem estabelecimentos educacionais públicos ou privados que educam e cuidam de

crianças de 0 a 5 anos de idade no período diurno, em jornada integral ou parcial, regulados e supervisionados por órgão competente do sistema de ensino e submetidos a controle social.

É dever do Estado garantir a oferta de Educação Infantil pública, gratuita e de qualidade, sem requisito de seleção (BRASIL, 2010, p. 12).

Essa importância que a Educação Infantil vem conquistando no cenário educacional requer que se problematizem as práticas que se vêm concretizando nas creches e pré-escolas.

1.1. Revisitando a infância

"[...] as coisas que a gente faz, conhece ou sabe são produto de uma complexidade de influências na vida da gente" (FREIRE, 2001, p. 161). Relaciono esse pensamento com minha própria história de formação e atuação docente, ou seja, trago em minha identidade como professora/pesquisadora as marcas das experiências vividas como estudante no Jardim de Infância e como docente na Educação Infantil. Esta identidade também foi constituída pelas experiências como docente em cursos de formação de professores de Educação Infantil em nível médio e superior e, ainda, como supervisora de estágios em Educação Infantil, também em nível médio e superior. Remetemo-nos a essas lembranças por entender que elas nos possibilitam olhar a Educação Infantil a partir de experiências diversas.

Pela forma detalhada como lembro os preparativos para meu ingresso no Jardim de Infância, em Rio Pardo-RS, no ano de 1967, posso afirmar que aquele momento foi especialmente importante em minha vida. Ainda guardo a agradável lembrança das compras dos materiais escolares e das recomendações de minha mãe acerca de como deveria comportar-me na escola. Através desses preparativos, aos cinco anos de idade, aprendi que a escola era um lugar muito importante.

Brincar de casinha, desenhar e pintar, aprender a escrever o nome, sentar na roda para ouvir histórias e imitar a professora nas brincadeiras de escola são recordações preciosas do meu período de Jardim de Infância. Através do convívio com meus colegas e do carinho dispensado por Dona Iara, minha primeira professora, aprendi que era bom estar na escola.

É comum que os professores, em suas práticas educacionais, se inspirem em suas próprias experiências e histórias de vida. Segundo Cunha (1992, p. 37),

> suas experiências e suas histórias são fatores determinantes do seu comportamento cotidiano e é preciso considerar que eles estão situados em um tempo e em um espaço social e cultural que não pode ser ignorado.

Lançar um olhar crítico em direção à própria história pode auxiliar o educador a refletir sobre sua prática docente, pois, "[...] antes mesmo de começarem a ensinar oficialmente, os professores já sabem, de muitas maneiras, o que é o ensino por causa de toda a sua história escolar anterior" (TARDIF, 2002, p. 20). Nesse sentido, esse pesquisador alerta para o fato de que as experiências vividas na escola representam um saber tão forte que, muitas vezes, nem mesmo a formação universitária consegue modificá-lo.

Também Freire (1998, p. 68) afirma que "aprender envolve introjeção de modelos, mediados pela cópia, pela imitação". Ter modelos, então, é inevitável, mas é preciso clareza a respeito de suas marcas, ou seja, precisa-se olhar de forma reflexiva e crítica o que se quer ou não repetir.

Entendemos que as primeiras experiências escolares podem exercer influência marcante na vida das pessoas. Daí a urgência em dirigir um olhar atento ao currículo da Educação Infantil e às práticas pedagógicas que estão sendo colocadas em prática. Contudo, muito antes de pensar um currículo para as crianças, é preciso problematizar o olhar que temos sobre elas: as crianças de "agora" não são as crianças que outrora fomos! Sobre isso Graue e Walsh (2003, p. 46) apontam que as crianças já foram "a tábua rasa de John Locke, o bom selvagem de Jean-Jacques Rousseau, a flor de Friedrich Froebel, o jovem cientista de Piaget". E agora, quem são elas? A emergência na contemporaneidade de uma nova sociologia da infância marca a superação da ideia de crianças como sujeitos que assimilam e reproduzem as culturas adultas. Segundo Sarmento (2007), elas são atores sociais de plenos direitos e produtoras de culturas próprias – as culturas da infância. Essas culturas não são "quimicamente puras", mas afetadas pelas culturas adultas a partir das interpretações próprias da criança (SARMENTO, 2007). Essa concepção de criança está representada nas Diretrizes Curriculares Nacionais para a Educação Infantil, que define criança como

> sujeito histórico e de direitos que, nas interações, relações e práticas cotidianas que vivencia, constrói sua identidade pessoal e coletiva, brinca, imagina, fantasia, deseja, aprende, observa, experimenta, narra, questiona e constrói sentidos sobre a natureza e a sociedade, produzindo cultura. (BRASIL, 2010, p. 12).

Essa compreensão de criança, apresentada nas Diretrizes Curriculares Nacionais para a Educação Infantil, está embutida no pensamento de Paulo Freire, embora esse educador não se tenha atido, especificamente, à educação das crianças pequenas.

1.2. Oprimido, esperança, autonomia e indignação: o olhar de Freire sobre a educação

A concepção de educação libertadora elaborada por Paulo Freire e impulsionada em meados da década de 1970 com a publicação do livro *Pedagogia do oprimido* sugere mudanças na concepção de aluno, de professor, de "ensinar e aprender", e do papel político da educação, instigando educadores e educadoras a refletirem acerca de ideologias ocultas nas práticas pedagógicas vigentes. Em outras obras importantes, como *Pedagogia da esperança* e *Pedagogia da autonomia*, Freire retoma e aprofunda a sua concepção de educação libertadora. Considerando a relevância das ideias de Freire e a importância que a Educação Infantil vem conquistando na sociedade, é preciso que se reflita a respeito da viabilidade de uma "educação libertadora" na infância e sobre a forma como isso acontece (ou não) no currículo das escolas infantis.

Segundo Bujes e Hoffmann (1991, p. 112), "às crianças de nossas creches não é dado o direito de pedir colo, sujar-se, brincar na água (porque dá bronquite), brincar na areia (porque dá alergia), acordar antes do tempo, quebrar brinquedos, fazer barulho", pois as decisões sobre o que pode ou não acontecer nos espaços coletivos de educação de crianças pequenas são tomadas pelos adultos, sem a participação delas. Ou seja, os adultos tomam para si o poder de decidir os tempos e os espaços das crianças.

Freire (1975) aponta críticas contundentes ao modelo educacional que privilegia a dominação das consciências e a consequente manutenção de uma dinâmica de estrutura injusta. A concepção "bancária" de educação, entendida como um ato de depositar e transferir conhecimentos, estimula a contradição educador-educando.

O educador, conforme essa concepção, é a pessoa que educa, a que sabe, a que pensa, a que diz a palavra, a que faz as opções, a que atua, a que escolhe o conteúdo programático, enfim, é o único sujeito do processo. Os estudantes, por sua vez, são aqueles que não sabem, que são disciplinados, acomodados, escutam docilmente e são meros objetos do processo. Como consequência dessa passividade imposta ao aluno, Freire aponta que não é de se estranhar que, "nesta visão *bancária*[1] da educação, os homens sejam vistos como seres da adaptação, do ajustamento" (FREIRE, 1975, p. 68), em detrimento do desenvolvimento da consciência crítica e da capacidade de intervir no mundo. E assim a educação cumpre o seu papel em favor das classes dominantes, formando pessoas incapazes de pensar autonomamente, de criar e de transformar a realidade. Educando para a passividade, fica garantida a manutenção da engrenagem excludente tal como está.

Ao contrário da "bancária", a "educação problematizadora" está a serviço da libertação. É profética, esperançosa, e promove a tomada de consciência/conscientização das pessoas, em que elas se assumem como sujeitos históricos capazes de se educar mutuamente, atuar sobre a realidade e lutar por sua emancipação.

Os conteúdos fazem parte do ato de ensinar e aprender, pois, segundo Freire, "não há, nunca houve nem pode haver educação sem conteúdo" (FREIRE, 1992, p. 110). Contudo, cabe refletir acerca da forma como acontece a escolha dos conteúdos, da posição ideológica transmitida por eles e do

---

[1] Grifo do autor.

papel de todos os envolvidos na prática educativa da escola na programação dos conteúdos.

Os estudantes fazem parte de uma realidade geográfica e social e possuem inúmeras experiências de vida que foram construídas em um contexto específico e, por isso, são significativas para eles, não podendo ser desprezadas. Segundo Freire (1998),

> a forma crítica de compreender e de realizar a leitura da palavra e a leitura do mundo está, de um lado, na não negação da linguagem simples, "desarmada", ingênua, na sua não desvalorização por constituir-se de conceitos criados na cotidianidade, no mundo da experiência sensorial; de outro, na *recusa* ao que se chama de "linguagem difícil", impossível, porque desenvolvendo-se [*sic* – desenvolve-se] em torno de conceitos abstratos. Pelo contrário, a forma crítica de compreender e de realizar a leitura do texto e do contexto não exclui nenhuma das duas formas de linguagem e de sintaxe (p. 33).

Aos educadores cabe, então, a importante tarefa de partilhar com os estudantes a seleção dos conteúdos, conforme a relevância desses para atender os desejos, os interesses e as necessidades do grupo e, dessa forma, propiciar-lhes experiências significativas e enriquecedoras.

A humanização da sociedade é um compromisso educacional possível de ser sonhado e construído a partir da superação da "educação bancária" e da valorização, implantação e consolidação da "educação libertadora". Esse sonho é um ato político necessário e faz parte da natureza humana. O futuro não é "destino dado" (FREIRE, 1975, p. 57) e sim um projeto pelo qual precisamos lutar e com ele sonhar.

O compromisso com a libertação não se pode restringir ao âmbito de conscientização dos sujeitos oprimidos acerca das injustiças que sofrem, mas deve, sobretudo, instigar e despertar a inconformidade com a injustiça e o engajamento na luta por mudanças sociais.

1.3. Reflexões acerca do cotidiano na Educação Infantil

Muitas vezes, percebemos que o professor, para dar conta de todos os compromissos que a rotina de uma escola de Educação Infantil exige, executa algumas de suas tarefas mecanicamente, sem tempo para refletir sobre aquilo que vem fazendo e sobre o modo como vem fazendo. E, caso não ocorram contratempos que o desviem desse percurso, amanhã continuará reproduzindo aquilo que faz hoje (e que também fez ontem), porque sempre foi assim... Para exemplificar sobre isso, recorro a uma situação observada durante uma visita de supervisão de estágio do curso Normal.

Ao questionar a estudante que estagiava em uma escola de Educação Infantil sobre o motivo pelo qual ela levava diariamente as crianças para assistirem a programas na televisão antes do lanche, ela explicou que havia observado que a professora titular da turma procedia assim. Esta, ao ser questionada a respeito, afirmou não ter clareza do motivo, mas explicou que desde que começara a trabalhar na escola, havia seis anos, isso já era assim.

Dando continuidade à conversa com a estudante, perguntamos também sobre o motivo pelo qual a porta da sala onde assistiam a vídeo não ficava aberta, considerando a pouca circulação de ar que havia ali. Sobre isso ela respondeu que, se a porta não estivesse fechada, as crianças "fugiam". Por fim, ainda indagamos o porquê de todas as crianças precisarem assistir a tais programas com a "boquinha" fechada, com as pernas e braços cruzados, e a resposta foi "porque só assim elas ficam quietas e não brigam".

Durante o curto tempo em que observamos a prática educativa nessa escola, foi possível presenciar diferentes modos de condicionamento das crianças no ambiente escolar. Sobre essas coerções passaremos a discutir agora.

1.3.1. O "condicionamento" das crianças no tempo

Coutinho (2002), em pesquisa desenvolvida sobre os diferentes momentos da rotina na creche, chama a atenção para o quão descontextualizada é a padronização das situações propostas às crianças.

Em visitas que temos realizado para acompanhar práticas de pré-estágios e estágios em Educação Infantil, tanto do curso Normal como do curso de Pedagogia, também percebemos que as ações e os planejamentos dos educadores são organizados em função de horários por demais rígidos e previamente estabelecidos pelos adultos. Há hora para brincar, há hora para guardar brinquedos e materiais, há hora para pintar, há hora para lanchar, há hora para ir ao banheiro, há hora para ouvir história, há hora para falar, há hora para calar, há hora para... Se a criança terminar antes da hora, perturba e incomoda? Se terminar depois da hora, é vagaroso(a) e precisa ser encaminhado(a) para o Serviço de Orientação Escolar (SOE), para psicólogo(a) ou psicopedagogo(a)? Enfim, dá-se, às crianças, a oportunidade de opinar e discutir a forma como "elas" gostariam de usar o tempo "delas"? São respeitados os tempos próprios de cada uma?

Certamente a organização de uma rotina de trabalho é importante por oferecer segurança às crianças, considerando que isso lhes possibilita prever o que irá acontecer depois e, consequentemente, maior independência em relação ao adulto. Contudo, segundo Bujes e Hoffmann (1991, p. 112), "o que elas podem ou não podem fazer é definido pelo adulto e essas decisões estão a serviço da rotina e do conforto das pessoas que aí trabalham, mesmo que inconscientes do seu significado e do autoritarismo nelas subjacentes".

Ao ingressarem na Educação Infantil, as crianças, muitas vezes, precisam ajustar-se a uma série de horários planejados e impostos pelos adultos. Chama-se essa organização do tempo das crianças de "rotina escolar", e busca-se adaptar todo o grupo a um único ritmo, como se todas as crianças tivessem os mesmos interesses, os mesmos desejos, as mesmas características e as mesmas necessidades. De acordo com os Referenciais Curriculares Nacionais para Educação Infantil,

> a organização dos tempos deve prever possibilidades diversas e, muitas vezes, simultâneas de atividades mais ou menos movimentadas, individuais ou em grupos, com maior ou menor grau de concentração; de repouso, alimentação e higiene; atividades referentes aos diferentes eixos de trabalho (BRASIL, 1998, v. 1, p. 73).

Por outro lado, em algumas escolas ainda nos deparamos, também, com práticas espontaneístas, as quais defendem a ideia do desenvolvimento natural da criança, ou seja, seus avanços estariam condicionados a seu amadurecimento físico e neurológico, desconsiderando, assim, a importância de uma ação pedagógica refletida e planejada com vistas a favorecer seu desenvolvimento integral.

As rotinas escolares são situações importantíssimas de interação entre adulto e criança, pois "a criança parte de uma dependência total, evoluindo progressivamente a uma autonomia que lhe é muito necessária". Para isso é importante que elas, crianças, possam jogar e ir aos diferentes espaços da sala sempre que quiserem, pois a rotina estrutura-se conforme os interesses e necessidades individuais das crianças (BASSEDAS; HUGUET; SOLÉ, 1999).

Oliveira-Formosinho (1998), referindo-se à organização de tempo nas escolas de Educação Infantil, afirma que a rotina "precisa ir sendo, gradativamente, correalizada pelas crianças" (p. 158). Assim, é preciso garantir que ela seja flexível e que as crianças possam ser ouvidas, fazer escolhas e tomar decisões em conjunto com o grupo (outras crianças e adultos). Também é importante considerar que elas, especialmente nessa idade, precisam conhecer limites, ou seja, construir noções de certo e de errado. Tais noções são aprendidas a partir das regras de convivência presentes na rotina escolar. Contudo, essas são aprendidas a partir de combinações feitas "com" as crianças e, eventualmente, modificadas se houver necessidade. As eventuais alterações na rotina se constituem em oportunidades de novas experiências para o grupo, mas "deve-se avisar previamente as crianças, para que estas tenham tempo para assimilar as alterações" (LINO, 1998, p. 195). Durante uma observação feita no dia em que as crianças da turma pesquisada se preparavam para receber a visita dos avôs e das avós, a rotina delas precisou ser alterada. Em dado momento, a professora reuniu todas elas e explicou que precisava ir até o refeitório terminar de organizar os materiais da exposição em homenagem aos avôs, e então lhes perguntou se gostariam de acompanhá-la ou preferiam ficar brincando na sala. Ouvidas as escolhas de cada um, ela, então, dirigiu-se aos que optaram por ficar na sala, interrogando-os sobre o modo como usariam aquele tempo e reforçou a combinação de que poderiam jogar, desenhar ou olhar livros de histórias sem correr, gritar ou bagunçar no local. A professora se ausentou por cerca de dez a quinze minutos e, durante esse período, o grupo que optou por permanecer na sala distraiu-se tranquilamente com seus jogos. Essa atitude deixa transparecer preocupação em informar e combinar com as crianças sobre a mudança na rotina. Além disso, a professora compartilhou algumas decisões com o grupo e o convidou a assumir uma atitude de comprometimento e de responsabilidade para com suas escolhas.

Nas escolas infantis da região de Reggio Emilia,[2] na Itália, o currículo se caracteriza por uma flexibilidade no tempo. Katz (1999), ao comparar a abordagem italiana com a organização curricular da maioria das escolas infantis dos Estados Unidos, afirma que

> [...] As crianças são livres para trabalhar e brincar sem interrupções frequentes e transições, tão comuns na maioria de nossos programas para primeira infância. Parece-me que a maioria de nossos programas [sic] são organizados [sic] em um quadro rígido de horários; com frequência ocorrem atividades isoladas que são iniciadas, "empacotadas" e colocadas de lado dentro de períodos pré-especificados de tempo, geralmente contados em minuto (KATZ, 1999, p. 50).

Na escola pesquisada percebemos certa flexibilidade na organização da rotina, pois em dados momentos as crianças

---

[2] Reggio Emilia é uma cidade de 170 mil habitantes situada no nordeste da Itália, cujo sistema educacional para a Educação Infantil é considerado um dos melhores do mundo (EDWARDS; GANDINI; FORMAN, 1999, p. 21).

realizam atividades diferenciadas, de acordo com os seus desejos. Ou seja, vimos crianças desenhando, pintando ou olhando livros, enquanto outros conversavam, dançavam e dramatizavam. Elas também não estavam sujeitas a um longo tempo de espera durante os momentos de transição de uma atividade para outra, pelo contrário, seus ritmos diferenciados de trabalho eram aproveitados para incitar interações e cooperação entre elas. Dessa forma, aquelas que concluíam a atividade por primeiro eram incentivadas a auxiliarem os colegas que ainda não haviam terminado. Outra situação interessante refere-se ao momento do lanche, pois, ao concluí-lo, elas podiam optar por permanecer conversando junto aos colegas ou por ir brincar.

O tempo, na Educação Infantil, tem de ser "gostoso". Não pode ser a mais e não pode ser a menos. A medida certa está no prazer que as crianças estão sentindo no desenvolvimento da atividade. Esse prazer pode ser mediado pelo professor na medida em que intervém, aguçando suas curiosidades, provocando interações com outras crianças do grupo e com diferentes materiais.

1.3.2. O "condicionamento" das crianças no espaço

Há o canto[3] da casinha, o canto de artes, o canto dos jogos, o canto dos livros de história, o canto de dramatização, o canto para pendurar os desenhos... Quando as crianças chegam à escola, na maioria das vezes os cantos já estão prontos (e, muitas vezes, permanecem os mesmos até o final do ano,

---

[3] Espaço físico dentro da sala de aula no qual se organiza um ambiente temático para ser utilizado pelas crianças.

mesmo que não despertem o interesse do grupo). A criança pode circular entre esses espaços (no horário que lhe é permitido), descobrir e experimentar os materiais de cada um, contanto que, depois, arrume e guarde tudo.

Essa ideia de organização rígida dos cantos fica claramente evidenciada em situações como a observada em visita de supervisão de pré-estágio, quando a professora em formação impediu que as crianças de três anos levassem a massinha de modelar (material tido como sendo do canto de artes) para fazerem "comidinhas" em suas panelas de brinquedo (brinquedos tidos como sendo do canto da casinha). Alguns dias depois, em momento de avaliação do pré-estágio, questionamos a estudante do curso Normal acerca do motivo pelo qual havia impossibilitado a realização desse jogo de faz de conta, tão significativo para crianças dessa idade. Ela, então, nos explicou que a professora titular não permite que as crianças "misturem" os brinquedos, ou seja, aquilo que é de um canto não pode ser levado a outro. Desse modo, desde bem pequenas as crianças aprendem a organizar/explorar cada um desses cantos "do jeito que o adulto pede", do "jeito que o adulto gosta".

Segundo Forneiro (1998), a forma como o espaço está organizado dá pistas acerca do currículo que ali se concretiza, ou seja, daquilo que se ensina, daquilo que se aprende e da forma como isso acontece, pois,

> quando entramos em uma escola, as paredes, os móveis e a sua distribuição, os espaços mortos, as pessoas, a decoração, etc., tudo nos fala do tipo de atividades que se realizam, da comunicação entre os alunos(as) dos diferentes grupos, das relações com o mundo externo, dos interesses dos alunos(as) e dos professores(as) (p. 232).

A escola observada oferece um pátio amplo e arborizado, com pracinha, casinha e animais domésticos. Embora o pátio fosse utilizado pelas demais turmas da Educação Infantil e do Ensino Fundamental da escola, exigindo que a professora estivesse sempre atenta à segurança das crianças, isso também permitia que estas interagissem com outras crianças, de diferentes grupos, de diferentes idades. Na manhã ensolarada em que realizei a primeira observação na turma de cinco anos, chamou a atenção a forma atenciosa com que a professora recebia, no pátio, as crianças e seus familiares, dando a nítida impressão de que todos eram bem-vindos ao espaço escolar.

Com relação ao espaço interno, a sala da turma dispõe de um banheiro com pia, mobiliário simples, mas adequado ao tamanho das crianças. As estantes são baixas, possibilitando autonomia das mesmas quando desejam manusear brinquedos e outros materiais individuais. Todo o ambiente é decorado com produções das próprias crianças. Conforme os Referenciais Curriculares Nacionais para Educação Infantil (BRASIL, 1998, v. 1, p. 68), o espaço físico, materiais, brinquedos e mobiliários não são elementos passivos, mas componentes ativos do processo educacional que refletem a concepção de educação assumida pela instituição.

É imprescindível considerar o pensamento imaginário das crianças de cinco anos e a necessidade que elas têm de modificar os espaços, criando casinhas, lojinhas, consultórios e outros refúgios que lhes permitam representar os papéis desejados em seus jogos de "faz de conta". Battini aponta que,

> para a criança, o espaço é o que sente, o que vê, o que faz nele. Portanto, o espaço é sombra e escuridão; é grande, enorme ou, pelo contrário, pequeno; é poder correr ou ter de ficar quieto, é lugar onde pode ir olhar, ler, pensar.

> O espaço é, em cima, embaixo, é tocar ou não chegar a tocar; é barulho forte, forte demais ou, pelo contrário, silêncio, são tantas cores, todas juntas ao mesmo tempo ou uma única cor grande ou nenhuma cor...
> O espaço, então, começa quando abrimos os olhos pela manhã em cada despertar do sono; desde quando, com a luz, retornamos ao espaço (apud FORNEIRO, 1998, p. 231).

A escola pesquisada oferece um ambiente que possibilita a modificação desses espaços conforme os interesses, as necessidades e a imaginação das crianças. Assim, a varanda da casinha de bonecas localizada no pátio muitas vezes servia de cenário para realização de rodas de conversas, piqueniques ou contação de histórias. Os corredores que dão acesso às salas se transformavam em locais para passeio com bonecas e/ou em pista de corrida para os carrinhos de brinquedo. Dentro da sala, o espaço embaixo da mesa da professora era transformado em um canil para abrigar Oscar (5 anos) e David (5 anos), que simulavam ser cachorros em um jogo de faz de conta; algumas cadeiras dispostas de forma diferenciada eram suficientes para Kleber (5 anos) e Henrique (5 anos) delimitarem o espaço de uma "loja proibida", onde eram vendidos dragões de três cabeças, bicho-papão, dinossauros com olhos vermelhos, leão e aranhas gigantes.

As crianças também não possuem lugares determinados para sentarem-se enquanto lancham, jogam ou realizam as atividades gráficas. São livres para ocuparem os lugares conforme seus desejos de interagir com determinados colegas, jogos ou materiais. Durante o recreio, também podiam optar por brincar no pátio ou permanecer dentro da sala jogando ou desenhando.

A organização do espaço pode promover ou impedir a concretização de uma educação libertadora, considerando que possibilita (ou não) a tomada de decisões, o desenvolvimento da autonomia e das interações entre o grupo. Pol e Morales afirmam que "o espaço jamais é neutro" (apud FORNEIRO, 1998, p. 235-236), pois a sua estruturação transmite uma mensagem condizente ou não com aquilo que o educador deseja que a criança aprenda. Esses autores também alertam para o fato de que os educadores não se devem conformar com o espaço que recebem, mas sim planejá-lo, transformá-lo, personalizá-lo.

Bassedas, Huguet e Solé (1999) também destacam alguns aspectos fundamentais em relação ao planejamento do espaço:

> Ter como objetivo oferecer um espaço cômodo e agradável às crianças.
> Aproveitar os móveis que existem habitualmente na sala (estantes, armários, mesas etc.) para utilizá-los na delimitação de espaços que facilitem a sua identificação com o trabalho que possa ser feito e que evitem interferências de outros cantinhos.
> Procurar aproveitar ao máximo o espaço, sem limitar-se necessariamente à sala de aula; muitas escolas apresentam maneiras bastante criativas de utilizar os corredores, os acessos etc.
> Estar atento e aberto às propostas que as crianças apresentam em relação à organização do espaço e, portanto, prever um certo grau de flexibilidade que permita introduzir modificações, quando isso for conveniente e necessário (p. 163).

Professores e professoras devem observar com atenção os interesses evidenciados pelas crianças em relação à ocupação dos espaços e à forma como esses são utilizados por elas. Essa leitura dá, aos adultos, elementos para propor intervenções de modo a favorecer as interações entre as crianças, a autonomia, o prazer de brincar e aprender. É oportuno, também, que se reflita acerca das oportunidades dadas/negadas às crianças de coparticipação no planejamento, na organização e na exploração de seus espaços de aprendizagem.

1.3.3. O "condicionamento" da voz da criança

Objetivando garantir a todos o direito à palavra, é comum que os professores de Educação Infantil reúnam diariamente as crianças em um círculo para conversar – a hora da roda. Nesse momento, enquanto um fala, os demais precisam manter-se sentados com "pernas de índio" e "boca fechada". O diálogo, a troca de ideias e a discussão não acontecem, pois não é permitido perguntar, opinar ou interferir nas colocações de quem está com a palavra – é permitido apenas ouvir o que o outro tem a dizer. Na hora do lanche, muitas vezes, é proibido conversar, porque assim se evita que falem com a "boca cheia" ou que se demorem por mais tempo que o previsto para alimentar-se, atrasando o cronograma de uso do refeitório. Na hora de desenhar, pintar, recortar, modelar ou colar, também não se pode conversar com os colegas, porque as conversas dispersam e desconcentram. O silêncio, durante as atividades, ainda é excessivamente valorizado, e o barulho de vozes e risos infantis parece incomodar alguns professores que relacionam isso à "bagunça" e falta de limites.

Certa vez, acompanhando o planejamento de uma aluna do curso Normal que se preparava para seu pré-estágio na Educação Infantil, causou-nos curiosidade a atividade intitulada "jogo do silêncio". Ao lhe pedirmos que relatasse como aconteceria esse jogo, a estudante explicou que o jogo era desenvolvido diariamente pela professora titular da turma e consiste em todas as crianças ficarem em silêncio, sentadas no tapete, enquanto a professora varre a sala depois do lanche. Outra aluna, estudante do curso de Pedagogia, também relatou uma estratégia semelhante adotada pela professora da turma de crianças onde ela realiza práticas de observação. Com o objetivo de manter as crianças em silêncio durante as atividades gráficas, consiste em a professora desenvolver o jogo rimado "vaca amarela fez cocô na panela e quem falar primeiro comeu o cocô dela". Durante o desenvolvimento desse jogo, a criança que ousar falar é motivo de risadas por parte dos colegas e de repreensão por parte da professora.

Certa vez, durante a roda de conversas na escola pesquisada, a professora da turma lançou algumas charadas[4] sobre animais para que as crianças descobrissem as respostas e, em seguida, perguntou se elas também conheciam algumas charadas. Através dessa proposta ela deu oportunidade para que as crianças inventassem. David (5 anos) logo se valeu de suas experiências pessoais e lançou a seguinte pergunta: "O que é, o que é, que é bege e não se vê?". Depois de esgotadas as hipóteses do grupo, ele afirmou que a resposta correta era "Deus". Essa charada, criada por David, gerou uma longa e rica troca de experiências entre as crianças. Contudo, dando continuidade ao seu planejamento, a professora interrompeu a conversa delas e distribuiu para cada criança uma folha contendo três figuras desenhadas (canguru, sapo e grilo), das quais elas deveriam pintar aquela que ilustrasse a resposta correta para a seguinte charada: "Tenho duas patas bem fortes e pulo sem parar. Dentro de uma bolsinha, meu

---

[4] Jogo oral no qual o grupo é desafiado a descobrir a resposta para perguntas do tipo "O que é, o que é...?".

filho posso levar". Dessa forma, as crianças não só pararam de falar como também inventaram suas charadas para responder ao que lhes estava sendo solicitado naquele momento. Todos, então, pintaram uma mesma figura – a tal "resposta certa". Katz (1999) chama a atenção para os modos de relacionamento entre adultos e crianças nas escolas infantis: segundo ela, os conteúdos desses relacionamentos se restringem, muitas vezes, a "passar instruções de trabalho, a relembrar regras de convivência e a elogiar o resultado das produções artísticas das crianças" (p. 46).

Nas instituições de Educação Infantil na região de Reggio Emilia, na Itália, as práticas educacionais voltadas para a primeira infância primam pela construção de um ambiente interativo que dá voz e ouve as múltiplas linguagens da criança, sendo que "[...] a extensão do conteúdo do relacionamento entre professor-aluno é focalizada sobre o próprio trabalho, e não sobre rotinas ou sobre o desempenho das crianças em tarefas acadêmicas (KATZ, 1999, p. 47).

Quanto aos meninos e às meninas de todos os cantos do Brasil, um dia suas vozes serão ouvidas? Para que esse desafio se torne realidade, é urgente que se rompa a "cultura do silêncio" (FREIRE, 1975, p. 59), imposta e difundida através de um modelo bancário de educação.

1.3.4. O "condicionamento" do corpo da criança

Quanto mais se aproxima o momento de transição da Educação Infantil para o primeiro ano, mais evidente se faz a preocupação, por parte dos profissionais envolvidos com a Educação Infantil, de dar prioridade ao tempo para o desenvolvimento de atividades gráficas em detrimento das experiências corporais, pois equivocadamente entendem que as crianças de cinco anos precisam aprender a se manter por mais tempo sentadas e concentradas.

Ficam, então, limitadas as oportunidades para criarem, imaginarem, jogarem e brincarem. Seus corpos começam a ser contidos no tempo e no espaço. Ou seja, movimentar o corpo com liberdade é permitido somente no pátio, durante o horário do recreio ou em momentos definidos e "regulamentados" pelos adultos.

Inicia-se a formação dos "corpos-cadernos", uma prática que consiste em "[...] amarrar-se o corpo para deixar apenas o cérebro em funcionamento, desconhecendo e expulsando o corpo e a ação da pedagogia" (FERNÁNDEZ, 1991, p. 63).

A imobilidade e o silêncio não são indicativos de concentração e envolvimento das crianças nas atividades propostas. Pelo contrário, podem indicar uma prática pedagógica coerciva e dominadora que impede a liberdade de expressão infantil, pois "[...] um grupo disciplinado não é aquele em que todos se mantêm quietos e calados, mas sim um grupo em que vários elementos se encontram envolvidos e mobilizados pelas atividades propostas" (BRASIL, 1998, v. 3, p. 19). Dessa forma, "os deslocamentos, as conversas, as brincadeiras resultantes desse envolvimento não podem ser entendidos como dispersão ou desordem, e sim como uma manifestação natural das crianças" (ibidem).

A restrição do movimento do corpo, na passagem da Educação Infantil para o primeiro ano do Ensino Fundamental, pode ser apontada como uma das causas do fracasso escolar. A dualidade corpo-mente perpetuada pela escola contribui para a manutenção de uma sociedade estratificada, pois "um corpo disciplinado, dócil, mantém uma mente disciplinada, dócil, fácil de ser conduzida" (LUZ, 2002, p. 6).

As Diretrizes Curriculares Nacionais para a Educação Infantil (2010) reafirmam que as escolas devem prever condições, tempo e espaço para "os deslocamentos e os movimentos amplos das crianças nos espaços internos e externos às salas de referência das turmas e à instituição" (p. 20). Contudo, nas escolas de Educação Infantil têm-se promovido tempo e espaço para que os meninos e as meninas sejam "crianças por inteiro"? Ou seja, sujeitos constituídos de corpo e de mente, capazes de brincar e de pensar, de sentir e de agir; de aprender, de imitar e de criar tantas coisas que somente as crianças podem imaginar?

Observações realizadas na escola pesquisada mostraram que outras práticas são possíveis. Ali as crianças movimentam-se com liberdade nos diferentes momentos da rotina. Não lhes é cobrado uma postura uniforme durante o desenvolvimento das atividades, como, por exemplo, permanecer parado na fila ou sentado com as "pernas de índio" e braços cruzados. Elas também circulam livremente pela sala, buscando e guardando materiais durante a realização das atividades gráficas.

1.3.5. O "condicionamento" no desejo de aprender

As crianças da Educação Infantil, todos os anos, estão sujeitas a um planejamento atrelado a datas comemorativas, as quais, muitas vezes, são abordadas de forma superficial e estereotipada. Nesse sentido é comum que, em abril, elas estudem o "coelhinho", o Dia do Índio e o Descobrimento do Brasil; em maio, as mães; em junho e julho, as festas juninas; em agosto, os pais; em setembro, a Pátria; em outubro, são realizadas atividades especiais pela Semana da Criança; em novembro, a Bandeira Nacional, e se iniciam os preparativos para as festas de Natal.

Sair da "mesmice" não significa que se deva optar por trabalhar temas exóticos e que o cotidiano não possa ou não deva ser abordado, mas as datas comemorativas não podem continuar servindo de "tábua de salvação" para aqueles profissionais que, de forma acomodada e pouco reflexiva, executam, ano a ano, um mesmo planejamento com as crianças, sem refletirem sobre o significado e a forma como são desenvolvidas as atividades.

A professora da Educação Infantil da escola pesquisada nomeia o tipo de planejamento que realiza como sendo "projetos pedagógicos". Contudo, durante as observações, constatei que ela também adota a prática de dar figuras prontas ou pontilhadas para as crianças ligarem os pontinhos, colorirem ou recortarem. Nos momentos em que acompanhamos as atividades da turma, as crianças coloriram as figuras de uma raposa, um canguru, uma tartaruga e uma cobra. Certo dia, a professora também entregou para cada uma delas uma folha onde estava escrito "A tartaruga nasce do ovo". Ela fez a leitura da frase e depois pediu que as crianças identificassem na escrita as palavras "ovo", "nasce" e "tartaruga". Depois, solicitou que recortassem essas palavras e as deixassem sobre suas mesas. Feito isso, ela passava de mesa em mesa e misturava os recortes, pedindo que as crianças reorganizassem a frase inicial para, depois, colar em uma folha branca de papel. Essa atividade poderia ter acontecido de forma mais significativa para as crianças, se elas tivessem tido a oportunidade de criar a frase e de construir, em grupo, a escrita da mesma. Esse tipo de prática não corresponde à experiência de projetos.

Projetar consiste em "[...] situar-se num processo não acabado, em que um tema, uma proposta, um desenho esboça-se, refaz-se, relaciona-se, explora-se e se realiza" (HERNÁNDEZ; VENTURA, 1998, p. 89). Isso requer a superação das práticas tradicionais voltadas para a cultura do silêncio, ao mesmo tempo que abre espaço para o exercício da curiosidade, da investigação, da pesquisa e da discussão. Assim, cria-se um ambiente propício à partilha de experiências significativas de aprendizagem. Esse modo de planejar requer a participação ativa e cooperativa de todos os envolvidos no processo educativo: professores, funcionários, crianças, pais e demais membros da comunidade. Para isso, inicialmente, faz-se necessário refletir sobre a concepção que temos de criança: meninos e meninas, de zero a cinco anos, são futuros cidadãos ou são sujeitos históricos capazes de ler o mundo e intervir nele?

A concepção de criança orienta a ação educativa. Se o adulto conceber a criança como um sujeito passivo, incapaz de ler e intervir no mundo, ele tenderá a agir "pela" criança, mas se, ao contrário, concebê-la como um cidadão, tenderá a agir "com" a criança, planejando com ela as situações de aprendizagem. Esta última pressupõe um olhar e uma escuta sensível àquilo que as crianças dizem ou demonstram em ações cotidianas. As decisões das situações educativas não ficam centradas na figura do professor, embora esse seja figura importante na orientação das pesquisas do grupo e na mediação das aprendizagens.

No planejamento a partir de projetos, as crianças participam na organização do tempo e do espaço, na busca das informações e na sistematização dessas. Ostetto (2002) afirma que planejar "[...] significa entrar em relação com as crianças (e não com os alunos!), mergulhar na aventura em busca do desconhecido, construir a identidade de grupo junto com as crianças". (p. 190). Dessa forma, as aprendizagens são construídas de forma significativa pelo grupo. Também Katz (1999) aponta que

> [...] o trabalho em projetos visa a ajudar crianças pequenas a extrair um sentido mais profundo e completo de eventos e fenômenos de seu próprio ambiente e de experiências que mereçam sua atenção. Os projetos oferecem a parte do currículo na qual as crianças são encorajadas a tomarem suas próprias decisões e fazerem suas próprias escolhas, geralmente em cooperação com seus colegas, sobre o trabalho a ser realizado. Presumimos que esse tipo de trabalho aumenta a confiança das crianças em seus próprios poderes intelectuais e reforça sua disposição de continuar aprendendo (p. 38).

É interagindo com o meio físico e social que as crianças constroem seus conhecimentos, ou seja, é participando da realidade, daquilo que está acontecendo em sua volta. Cabe, então, refletir: as experiências oferecidas na escola de Educação Infantil possibilitam ou impedem os meninos e as meninas de explorarem e aprenderem o mundo com jeito de criança?

De forma sintética, pode-se dizer que a construção de um projeto pedagógico envolve uma ação compartilhada na busca de resposta(s) a uma situação problema. Nessa busca considera-se como ponto de partida o levantamento dos conhecimentos prévios apresentados pelo grupo para, então, planejar cooperativamente as estratégias e os procedimentos de pesquisa, de coleta e de organização das informações. A avaliação não fica reservada para o momento final do trabalho, mas acompanha todo esse processo, possibilitando as reformulações necessárias no decorrer dele. Um projeto é um empreendimento que retrata os desejos, as curiosidades, as necessidades, as experiências e a realidade circundante de um grupo específico. Dessa forma, é um empreendimento único e tem a identidade do grupo que o construiu, não se constituindo em uma receita transferível de uma realidade para outra.

Na Educação Infantil, o planejamento deve estar assentado em uma ação interativa e democrática entre adultos e crianças, pois, se os interesses de uns sufocam os desejos dos outros, não se dá oportunidade à "paixão de conhecer o mundo".[5]

1.3.6. O "condicionamento" na administração de conflitos

Na escola de Educação Infantil as crianças têm oportunidade de conviver com muitas outras e é comum que aconteçam disputas por brinquedos, espaços, materiais e atenções. Nesse sentido, os conflitos são frequentes e inevitáveis, e muitas vezes elas não conseguem se colocar sob o ponto de vista dos outros e tendem a utilizar a força física para fazer valer suas opiniões.

Os educadores que atuam na Educação Infantil mostram-se capazes de se manter calmos diante da impulsividade, das birras e das reações violentas das crianças? Qual o papel que eles têm assumido na mediação dos conflitos entre as crianças?

Muitas vezes os conflitos entre as crianças são vistos como situações inoportunas que "atrapalham" o andamento de outras atividades tidas como pedagógicas. Para restaurar

---

[5] Título da obra de Madalena Freire publicada em 1983, no Rio de Janeiro, pela editora Paz e Terra.

a harmonia no grupo, no menor tempo possível, os mesmos são resolvidos de forma rápida e superficial, desconsiderando os sentimentos das crianças. É comum que os adultos tomem para si os conflitos do grupo e assumam o papel de juízes, apontando quem é o culpado e quem é o inocente de forma coerciva. A punição apresenta poucas variações, sendo que a mais recorrente é: "Peça desculpas e dê um abraço no coleguinha!". Nessas situações, o abraço e o pedido de desculpas são compreendidos, pelas crianças envolvidas, mais como uma punição do que como um gesto de arrependimento.

"Sentar para pensar" é outro modo de punição amplamente usado pelos adultos como forma de coibir comportamentos julgados inadequados. Esse tipo de repreensão restringe a liberdade do corpo da criança, mas não a liberdade de seu pensamento. Essa forma de punição, por carecer de uma mediação pedagógica, não ajuda a criança a refletir a situação ocorrida e a procurar reparar os erros, apenas incute medo, raiva e humilhação.

De Vries e Zan (1998), após terem observado e conversado com professores sobre as formas de mediação de conflitos, identificaram três princípios que são as bases da atitude geral do professor construtivista para com os conflitos das crianças:

Seja calmo e controle suas reações
É preciso prática, mas o professor deve aprender a parecer calmo em face de estados de perturbação violenta que as crianças atingem, algumas vezes. Mesmo se o professor não se sente calmo, é importante transmitir tranquilidade às crianças. Isto significa controlar a linguagem corporal, expressões faciais e tom da voz. O professor deve evitar agir de acordo com seus impulsos ou correr em auxílio, exceto

para evitar danos físicos. As crianças aprenderão a receber bem esta força tranquila como apoio na condução de suas dificuldades.

Reconheça que o conflito pertence às crianças
O professor construtivista não assume os problemas das crianças e não impõe uma solução. Ele acredita que é importante que as crianças sejam donas de seus conflitos. Esta atitude leva aos princípios de ensino que apoiam e facilitam a resolução pelas próprias crianças.

Acredite na capacidade das crianças para a solução de seus conflitos
O sucesso no trabalho com crianças em situações de conflito depende de acreditar que elas podem solucioná-los. Impressionamo-nos sempre com a competência de crianças pequenas que tiveram o apoio de uma atmosfera sociomoral construtivista, mas um professor terá de construir sua própria confiança a partir de experiências que revelam os potenciais das crianças (p. 92).

Considerando a frequência com que acontecem conflitos entre as crianças e a impossibilidade de eles serem eliminados no contexto escolar, torna-se fundamental que se aproveitem situações concretas para exercitar a resolução dos mesmos sem o uso de violência.

No cotidiano da Educação Infantil, tem-se trabalhado com seriedade e respeito os sentimentos da criança nas situações de conflitos? Que oportunidades são oferecidas a elas de refletirem sobre essas situações e de buscarem resolvê-las de forma não violenta, com o apoio e a compreensão do adulto?

Na escola pesquisada, durante os dias de observação não aconteceram situações de violência entre as crianças, embora em certos momentos algumas delas tenham usado força física para fazer prevalecer seus desejos. Nessas situações a professora titular levantava alguns questionamentos e, ao mesmo tempo, respondia a todos eles sem ouvir as crianças. Por exemplo: "Vocês não lembram de tudo o que a gente aprendeu sobre a paz e sobre a guerra? Que não podemos bater nos colegas, que não podemos brincar de lutar e fazer arminhas?".

Em outro momento, quando as crianças organizam-se em duplas, com mãos dadas, para acompanhar o professor de Educação Física até o local onde realizariam as atividades, Pedro (5 anos) e João (5 anos) trocaram tapas e empurrões na disputa pelo primeiro lugar na fila. O professor de Educação Física chamou-lhes a atenção, pedindo que parassem de brigar. Os dois meninos continuaram discutindo até serem interrompidos pelo professor, que disse: "Chega! Se vocês não pararem, vão ficar na sala". Depois disso, os dois pararam de discutir e seguiram com a turma para o local onde aconteceria a aula de educação física.

É importante destacar que as crianças necessitam do auxílio do adulto para conter sua impulsividade. Esse auxílio deve vir na forma de incentivo ao exercício do diálogo, de expressão verbal dos sentimentos e da capacidade de ouvir o ponto de vista dos demais. Dessa forma, a escola estará educando para a busca de acordos democráticos e cumprindo seu papel na prevenção da violência.

Uma práxis educativa comprometida com a paz requer que se repense a organização do tempo/espaço feita exclusivamente pelo adulto, e que se dê oportunidade para as crianças coparticiparem dessas decisões; que se dê voz às crianças, possibilitando-lhes expressarem espontaneamente suas ideias, seus desejos e sentimentos; que se respeitem seus desejos de aprender, sem impor-lhes o silêncio e/ou programas escolares pré-fabricados; que se desamarrem seus corpos, libertando-os da imobilidade para que possam explorar o mundo através dele; que se trabalhem os seus sentimentos nas situações de conflitos sem forçá-las a pedirem desculpas, quando ainda estão sentindo raiva, e que se acredite em sua capacidade de buscar soluções para os seus conflitos.

"Ensinar exige reflexão crítica sobre a prática" (FREIRE, 2000a, p. 42) e, na medida em que se olha criticamente a prática de ontem, torna-se possível mudar a educação de hoje. Então, é essencial olhar e refletir sobre aquilo que se fez e sobre o que se faz cotidianamente na escola de Educação Infantil. Afinal, "mudar é difícil, mas é possível" (FREIRE, 1991, p. 8).

A Educação Infantil tem um papel político na sociedade. As práticas pedagógicas que primam pelo "condicionamento" das crianças de zero a seis anos contribuem para formar pessoas com postura passiva diante de todos os tipos de violência e de injustiça. Dessa forma, é imprescindível que se busque na pedagogia da libertação o referencial teórico para refletir acerca dessas "coerções".

1.4. Amar, educar e libertar: quando e como começar?

Para Freire (1982), o amor é essencial à educação, pois "quem não é capaz de amar os seres inacabados não é capaz de educar" (p. 29). McLaren ainda destaca que, pouco antes de seu falecimento, Freire teria dito algo neste sentido: "Eu nunca poderia pensar em educação sem amor, e é por isto que eu me considero um educador, acima de tudo, porque sinto amor..." (apud McLAREN, 1997, p. 13).

Cabe ao educador construir uma relação afetuosa e democrática com seus alunos, e ao fazer isso ele estará ensinando a elas essa forma de se relacionar. Em outras situações, possivelmente, elas farão uso dessa aprendizagem ao se relacionarem com outros tantos grupos com os quais interagem dentro e fora do contexto escolar.

Embora se perceba que as relações no ambiente da Educação Infantil sejam permeadas pelo cuidado, a ideologia de poder centrado no professor ainda prevalece na organização do tempo, do espaço, na seleção de temas a serem trabalhados e na administração de conflitos. As possibilidades de as crianças tomarem decisões são mantidas dentro de um "cercado" que é administrado pelos adultos que lhes dizem "o que" devem fazer, "como" devem fazer e "onde" devem fazer. Cerceando-se a autonomia delas, torna-se mais fácil mantê-las passivas e obedientes. Limitando e controlando o pensar e o agir das crianças, fica garantida a manutenção da sociedade dentro do modelo em que se encontra.

O educador como mediador nessa construção pode desfazer ou reforçar padrões socialmente injustos, dependendo da forma como organiza o ambiente educativo. Ou seja, se predominar uma relação autoritária, com a concentração do "poder" nas mãos de uma das partes, no caso nas do professor, possivelmente as crianças pouco acreditarão em suas possibilidades de intervir na realidade social.

Os docentes têm a importante missão de ajudar meninos e meninas a ler criticamente o mundo e a construir uma nova visão de sociedade. Dentro dessa concepção, eles não são mais os "detentores" do conhecimento, mas mediadores entre o saber do estudante e os novos conhecimentos. Cabe-lhes, então, promover um ambiente escolar favorável, a partir do qual as crianças possam compreender a realidade e pensar formas de intervir na sociedade com vistas a torná-la mais humanizada. Afinal, a prática educativa,

> [...] é algo muito sério. Lidamos com gente, com crianças, adolescentes ou adultos. Participamos de sua formação. Ajudamo-los ou os prejudicamos nesta busca. Estamos intrinsecamente a eles ligados no seu processo de conhecimento. Podemos concorrer com nossa incompetência, má preparação, irresponsabilidade, para seu fracasso. Mas podemos, também, com nossa responsabilidade, preparo científico e gosto do ensino, com nossa seriedade e testemunho de luta contra as injustiças, contribuir para que os educandos vão se tornando *presenças* marcantes no mundo (FREIRE, 1998, p. 47).

Freire ainda enfatiza a importância e a necessidade da comunicação dialógica entre os sujeitos sociais que se encontram em transformação e transformando o mundo. A aprendizagem por projetos se constitui em um dos caminhos possíveis para concretizar essa comunicação dialógica e uma educação libertadora na Educação Infantil, pois esse modo de organizar as situações de aprendizagem modifica o sistema de rotinas rígidas, de espaços delimitados e da concentração das escolhas e decisões centradas na figura do professor. Na construção de um projeto, além da realidade circundante é preciso considerar a especificidade do grupo. Isso implica levar em conta o modo como as crianças pensam e aprendem, e a melhor maneira de possibilitar a elas diversos tipos de interações/experiências, sem perder de vista a brincadeira e a imaginação.

O engajamento da família assume especial importância, principalmente na busca e na exploração das informações sobre o tema do projeto. Essa participação familiar é possível de ser alcançada através do interesse das próprias crianças pelo tema, ou seja, crianças pequenas, entusiasmadas por um tema, conquistam e contagiam aqueles que com elas convivem. Inicia-se, então, gradativamente, a vivência do exercício de busca de informações e construção do papel de estudante, sem restringir-se a receber ensinamentos.

Possibilitar que as crianças sejam "presença marcante no mundo" é um desafio educacional. Isso é possível desde que o professor reflita sobre sua própria prática e se disponha a ouvir a voz das crianças, confiando em suas capacidades de opinar e tomar decisões no contexto escolar, pois é importante considerar que os meninos e as meninas da Educação Infantil têm "um corpo e uma história". Eles são sujeitos históricos construtores de seu próprio saber, mas é necessário que se considere seus jeitos próprios de entender o mundo. Embora ainda não tenham o domínio da leitura da palavra, as crianças estão fazendo leituras de mundo, e através dessas leituras buscam entender e intervir no mundo. Assim, é importante conhecer suas capacidades, suas culturas e suas histórias de vida para lhes oferecer um ambiente educativo que possibilite participarem daquilo que acontece à sua volta e no mundo.

Educar com liberdade exige um olhar atento e uma escuta sensível aos saberes, às necessidades e aos interesses dos meninos e das meninas. Esse olhar e essa escuta desencadeiam, então, uma mudança de postura de todos os envolvidos na ação educativa: crianças, professores, gestores, familiares e comunidade.

A educação sozinha não pode transformar a sociedade, mas é impossível pensar em mudança social sem pensar em mudança na educação. A Educação Infantil, então, deve estar inserida nessas mudanças, visto que aquilo que é aprendido na infância passa a fazer parte do viver e conviver dos seres humanos. É preciso acreditar nas capacidades que as crianças têm para construir seus conhecimentos e intervir no mundo, e que não nos limitemos a pensá-las como sujeitos que virão a ser.

A vivência educacional libertadora precisa começar no cotidiano da Educação Infantil. A humanização da sociedade não se dará através do desenvolvimento de eventuais projetos assistencialistas, mas a partir da formação de pessoas críticas, reflexivas, capazes de tomar decisões e de se colocar sob o ponto de vista dos outros, e essas capacidades precisam ser experimentadas ao longo da vida, desde muito cedo.

2. A CULTURA DA VIOLÊNCIA E A CULTURA DA PAZ[1]

Este terceiro milênio está marcado por incontáveis avanços científicos e tecnológicos, conquistados ao longo dos tempos, contudo, as pessoas, de um modo geral, encontram-se em estado de desequilíbrio entre valores materiais e humanos. Romperam-se as fronteiras entre o certo e o errado, entre o bem e o mal, e as relações entre as pessoas baseiam-se na "ética do mercado", transgredindo a "ética universal do ser humano" (FREIRE, 2000a, p. 17). Isso reforça a importância de se refletir sobre a cultura da paz e sobre a sua implementação na Educação Infantil. Este capítulo pretende apresentar

---

[1] A expressão adquiriu dimensão pública no ano 2000, proclamado pela ONU como Ano Internacional por uma Cultura de Paz, e, a partir do Manifesto 2000, por uma cultura de paz e de não violência, um instrumento elaborado por um grupo de Prêmios Nobel da Paz como um exercício da responsabilidade individual no respeito à vida, na prática da não violência, no combate à exclusão, na defesa da liberdade de expressão e da diversidade cultural, na promoção de um consumo responsável e de um modelo de desenvolvimento sustentável, na participação e no respeito aos princípios democráticos, com o fim de criar, juntos, novas formas de solidariedade (GUIMARÃES, Marcelo Rezende. *Um novo mundo é possível*: dez boas razões para educar para a paz, praticar a tolerância, promover o diálogo inter-religioso, ser solidário, promover os direitos humanos. São Leopoldo: Sinodal, 2004. p. 12).

aspectos considerados importantes para a práxis pedagógica comprometida com a cultura da paz na Educação Infantil.

A paz e a violência são "construções culturais" (GUIMARÃES, 2004, p. 9). Isso significa que não são heranças genéticas, mas resultantes de um processo de aprendizagem. E, consequentemente, suscetíveis de reaprendizagem e de ressignificação, ou seja, podem ser modificadas e transformadas.

A cultura da violência vem sendo produzida e difundida pelos meios de comunicação, pela família, pelas instituições religiosas, pelos partidos políticos, pelos clubes, pelos sindicatos etc. A escola não pode eximir-se de seu compromisso nesta mudança, pois, "se a violência e a paz têm algo a ver com política, economia, organização social, têm também a ver com educação e pedagogia" (GUIMARÃES, 2004, p. 11), e sendo assim, é preciso olhar criticamente o que acontece fora e dentro da escola.

2.1. Considerações referentes ao desenvolvimento das crianças de cinco anos

As Diretrizes Curriculares Nacionais para a Educação Infantil (2010) afirmam "o reconhecimento das especificidades etárias, das singularidades individuais e coletivas das crianças" como condições para a efetivação das propostas pedagógicas. Para melhor compreender as concepções sobre paz e sobre violência das crianças pesquisadas, faz-se necessário apresentar, de forma sucinta, algumas ideias acerca de seu desenvolvimento nos aspectos motor, social, cognitivo e moral. Em relação às capacidades motoras, por volta dos cinco anos elas já conhecem seu próprio corpo e as possibilidades dele. Nomeiam as partes externas e começam a interessar-se também pelos órgãos internos. Elas são capazes de andar, correr, pular e saltar com coordenação e equilíbrio (BASSEDAS; HUGUET; SOLÉ, 1999, p. 33-36). A partir das experiências corporais e das relações com os adultos, elas constroem ideias básicas sobre o tempo e o espaço, passando a utilizar apropriadamente expressões como: ontem, hoje, amanhã, antes, depois e embaixo, em frente, no alto etc.

A linguagem oral, nessa idade, é compreensível. Elas possuem vocabulário variado e formulam frases completas para expressar suas opiniões. Representam, com detalhes, as suas ideias através do desenho. Também já estão interessadas pela escrita de letras, nomes e numerais, por estarem em contato com a utilização funcional da linguagem escrita no cotidiano (BASSEDAS; HUGUET; SOLÉ, 1999).

Ao ingressarem na Educação Infantil, elas passam a fazer parte de um grupo mais amplo que o familiar. Intensificam-se as relações sociais com outros adultos e crianças. Novas regras precisam ser aprendidas e novos desafios de convivência são apresentados. Ainda que seja agradável para a criança conviver com outros meninos e outras meninas de sua idade em um espaço estimulador da brincadeira, também é inegável que esse ambiente propicia frustrações e disputas por materiais, brinquedos, espaços e atenções. Contudo, embora sejam frequentes os conflitos entre as crianças, muitos dos "atos agressivos não são dirigidos à pessoa como tal, com o propósito de machucá-la, incomodá-la ou ofendê-la" (MORENO; CUBERO, 1995, p. 202). Esse comportamento infantil está relacionado ao processo de fortalecimento da personalidade e construção da autonomia, pois "as crianças descobrem que podem tomar iniciativas, não fazer aquilo que lhes é pedido, opor-se às exigências etc." (BASSEDAS; HUGUET; SOLÉ, 1999, p. 45).

Por volta dos cinco/seis anos elas ainda têm tendência a manter-se centradas em seu próprio ponto de vista, precisando da ajuda do adulto para considerar a perspectiva do outro.[2] Necessitam, então, da mediação do adulto para conter sua impulsividade e exercitar atitudes de empatia:

> A maneira como as pessoas com quem a criança tem contato reagem a esse negativismo contribuirá para fazer evoluir os traços da personalidade, de uma forma ou de outra. Assim a condescendência de todos cria crianças onipotentes e que fazem sempre o que querem, com a consequente dificuldade de adaptação social para respeitar normas externas que a vida em comunidade exige. Na outra extremidade, podemos destacar as atitudes de rigidez que formam crianças inseguras, tímidas e que não se atrevem a mostrar-se tal como são (BASSEDAS; HUGUET; SOLÉ, 1999, p. 45).

As intervenções dos adultos nessas situações devem fundamentar-se no afeto, na combinação de limites coerentes e acessíveis, ao mesmo tempo que devem estimular as crianças a emitirem suas opiniões, valorizando-as sempre que possível.

---

[2] "[...] noção de egocentrismo" desempenha papel essencial na epistemologia genética de Piaget, porque implica a noção de centração e descentração, isto é, a capacidade da criança de considerar a realidade externa e os objetos como diferentes de si mesmo e de um ponto de vista diverso do seu. O egocentrismo na linguagem infantil implica a ausência da necessidade, por parte da criança, de explicar aquilo que diz, por ter certeza de estar sendo compreendida. Da mesma forma, o egocentrismo é responsável por um pensamento pré-lógico, pré-causal, mágico, animista e artificialista. O raciocínio não é nem dedutivo e nem indutivo, mas transdutivo, indo do particular ao particular; o juízo não é lógico porque é centrado no sujeito, em suas experiências passadas e nas relações subjetivas que ele estabelece em função das mesmas [...]" (PIAGET, Jean. *A epistemologia genética;* sabedoria e ilusões da filosofia. Problemas de psicologia genética. Trad. Nathanael C. Caixeiro, Zilda Abujamra Daeir, Célia E. A. Di Piero. São Paulo: Abril Cultural, 1978. p. 7-30 – aqui, p. X).

Quanto à combinação de limites, Zagury (1995) afirma que o momento adequado para os pais dizerem "não" a seus filhos é "sempre que percebermos que nossos filhos ainda não interiorizaram certas normas de convívio social" (p. 55). Essa educadora ainda enfatiza que "pequenas e aparentemente insignificantes regras sociais", do tipo "bom-dia", "com licença", "por favor", "muito obrigado" e outras, são a base para a boa educação das crianças e não devem ser ignoradas pelos educadores (p. 56).

O significativo desenvolvimento na área da linguagem que acontece nessa idade possibilita a substituição gradativa dos impulsos agressivos pelo exercício do diálogo e intensifica a formação de grupos estruturados (MORENO; CUBERO, 1995, p. 201) em torno de preferências, temperamentos e experiências pessoais compartilhadas. Neste momento, então, as crianças passam a compreender que determinadas coisas podem ser feitas e outras não, pois existem normas sociais que devem ser cumpridas (BASSEDAS; HUGUET; SOLÉ, 1999, p. 45).

Quanto às preferências sociais das crianças em relação aos companheiros, Moreno e Cubero (1995) afirmam que elas fazem referência "aos comportamentos de amizade, cooperação e ajuda, bem como à participação social em jogos, ao envolvimento nas atividades do grupo e ao cumprimento das regras" (p. 201). Ou seja, preferem se relacionar com outras crianças que jogam e não violam regras.

As crianças precisam vivenciar, no grupo de iguais, manifestações de afeto e de respeito, pois, através das relações que estabelecem com os outros, elas vão construindo sua autoestima.[3] O adulto também exerce papel importante neste pro-

---

[3] Autoestima é a dimensão avaliativa do autoconceito, ou seja, como a criança avalia o conceito que tem de si mesma (PALACIOS; HILDAGO, 1995, p. 184).

cesso, pois ele dá as primeiras impressões que elas têm sobre si mesmas. Ou seja, "são os adultos que nos dizem como somos, quem somos, quais as expectativas que eles têm a nosso respeito e, partindo dessas expectativas, o que esperam de nós" (FELIPE, 1998, p. 9-10). Neste sentido, Palácios e Hidalgo (1995), citando os estudos de Coopersmith, destacam como categóricos na construção da autoestima da pessoa o tratamento dispensado pelos outros sujeitos significativos e a história pessoal de êxitos e fracassos.

No campo da cognição, os estudos de Jean Piaget trazem valorosa contribuição para a compreensão da gênese e do desenvolvimento do conhecimento. Este teórico concluiu que, ao longo do processo de desenvolvimento, as pessoas apresentam estruturas cognitivas qualitativamente diferentes de modo que, "sem estruturas apropriadas, nenhum conteúdo poderá ser aprendido (assimilado) pelo aluno [...]" (BECKER, 2003, p. 55).

Piaget explica que o desenvolvimento cognitivo se dá por estágios[4] e distingue quatro estágios de desenvolvimento[5] desde as rudimentares estruturas mentais do recém-nascido

---

[4] O estágio foi definido por Piaget como forma de organização da atividade mental, sob seu duplo aspecto: por um lado motor ou intelectual, por outro, afetivo (PIAGET, 1978, p. XII).

[5] Ver as seguintes referências bibliográficas: PIAGET, Jean. *Epistemologia genética*. Trad. Álvaro Cabral. Revisão de tradução Wilson Roberto Vaccari. 2. ed. São Paulo: Martins Fontes, 2002. p. 7-54. Id. *A epistemologia genética;* sabedoria e ilusões da filosofia. Problemas de psicologia genética. GOULART, Íris Barbosa. *Piaget;* experiências básicas para utilização pelo professor. 6. ed. Petrópolis: Vozes, 1990. p. 19-45. RAPPAPORT, Clara R.; FIORI, Wagner da Rocha; DAVIS, Cláudia. *Teorias do desenvolvimento;* conceitos fundamentais. São Paulo: EPU, 1981. v. 1, p. 51-75.

até o pensamento lógico formal do adolescente. São eles: estágio sensório-motor, estágio pré-operatório, estágio operatório concreto e estágio operatório formal. As crianças de cinco anos de idade, objeto de estudo nessa pesquisa, incluem-se no estágio pré-operatório. Nessa fase as crianças estão em pleno desenvolvimento dos processos de simbolização. Desse modo, para compreender o mundo elas utilizam uma lógica diferente do raciocínio adulto – a imaginação. A mistura entre fantasia e realidade é facilmente perceptível em suas falas e em suas brincadeiras.

Para avançar no processo de construção do conhecimento, a criança precisa que lhe seja dada oportunidade de expressar suas ideias e de testar suas hipóteses. Fernando Becker, na busca de uma relação entre as ideias de Jean Piaget e de Paulo Freire, afirma que "ambos partem do pressuposto de que o ser humano não preexiste, ele se faz" (BECKER, 2003, p. 53). Outro ponto destacado por Becker (2003, p. 54) refere-se ao fato de que, ao mesmo tempo que Piaget explica como se dá a estrutura cognitiva ou a razão do ser humano, Freire aponta para a forma como devem ser, ou como se revestem, os processos formadores da subjetividade. Assim, os estudos tanto de Piaget como de Freire têm significados educativos que são ao mesmo tempo diferentes, complementares e imprescindíveis a uma práxis educativa com significado para o próprio sujeito que a vivencia e também para todos que estão no seu entorno. Ou seja, enquanto Piaget explica nosso jeito de aprender o mundo, Freire nos politiza para intervir nele.

Piaget também traz importantes contribuições para a compreensão do julgamento moral infantil. Ele identifica, nas crianças de seis a doze anos, dois estágios de desenvolvimento moral: estágio de moral heterônoma e estágio de moral autônoma. As crianças menores encontram-se no estágio de moral heterônoma:

[...] suas regras são leis externas, sagradas, porque são impostas pelos adultos. Assim as regras contra o dano, contra a mentira ou contra o roubo não são vistas como maneiras de agir fixadas para um melhor funcionamento da sociedade, mas, sim, como arbitrárias, isto é, como "leis da divindade" que não devem ser transgredidas (DUSKA; WHELAN, 1994, p. 20).

O desenvolvimento moral é decorrente das interações da criança com o meio, e a escola deve oferecer um ambiente propício ao seu desenvolvimento. Segundo Padilla e González (1995), as crianças devem ter seus pontos de vista considerados e ser estimuladas, pelos adultos, a adotarem a perspectiva dos outros. É importante que os adultos expressem, de maneira firme, seus princípios morais diante delas, pois esses poderão servir como modelos para elas construírem os seus próprios princípios. Também é necessário que os adultos tenham expectativas positivas em relação às suas capacidades de agirem com ética, justiça e altruísmo.

De Vries e Zan (1998), fundamentados no trabalho de Piaget, enfatizam que o princípio fundamental da educação construtivista é o cultivo de um ambiente sociomoral. Na escola, a criança irá construir seus conhecimentos na interação com outras crianças e com o professor em diversas situações de rotina, tais como: alimentação, higiene, jogo, descanso, ordem e outras. Também o professor terá um importante papel na mediação de conflitos no grupo e na criação de um ambiente que promova o desenvolvimento sociomoral das crianças.

No que se refere ao desenvolvimento moral da criança, Kohlberg, assim como Piaget, entende que a avaliação do bem e do mal é influenciada pela aprendizagem e pelo relacionamento com os outros, contudo, esses fatores não são a origem fundamental do desenvolvimento moral. Segundo ele, "[...] a criança é um ser que intrinsecamente busca valores e espontaneamente faz julgamentos do 'bem' e do 'mal' sobre os outros, sobre os objetos e sobre si e seus próprios atos" (DUSKA; WHELAN, 1994, p. 54).

Em seus estudos, Kohlberg não se interessava pelo comportamento moral externo, e sim pelas razões pelas quais as pessoas pensam que uma ação é errada, pois daí "[...] surgem imediatamente diferenças significativas na percepção moral das mesmas, ainda que o comportamento externo possa ser idêntico" (DUSKA; WHELAN, 1994, p. 8).

Para realizar essa investigação, Kohlberg, depois de contar histórias envolvendo dilemas morais aos seus entrevistados, formulava perguntas sobre elas. Criou, assim, um sistema de classificação para as respostas obtidas e, a partir dessa categorização, identificou três níveis de desenvolvimento moral: pré-convencional, convencional e pós-convencional, sendo que cada um desses níveis está subdividido em dois estágios. Duska e Whelan (1994), fundamentados nessa teoria, assim caracterizam o primeiro estágio, no qual estão inseridos os pré-adolescentes:

Estágio 1: orientação para a punição e obediência
O que determina a bondade ou a malícia de um ato são as consequências físicas do ato em si, sem considerar o significado humano e o valor de tais atitudes e consequências. Evitar a punição e obedecer ilimitadamente são valores em si mesmos, não por respeito a uma ordem moral sustentada com punição e autoridade.

Estágio 2: orientação relativista instrumental
A ação justa é aquela que – de modo instrumental – satisfaz às minhas necessidades e, ocasionalmente, às dos outros. As

relações humanas são vistas de um modo similar às comerciais. Estão presentes os elementos de honestidade, reciprocidade e partilha, mas tais elementos são interpretados de modo concreto ou pragmático. A reciprocidade é vista como "tu me gratificas e eu te gratifico", e não como lealdade, gratidão ou justiça (DUSKA; WHELAN, 1994, p. 56-57).

Na Educação Infantil, é importante que a criança seja desafiada e incentivada a refletir acerca das consequências benéficas da boa ação. Através dessa prática estimula-se, então, a passagem do estágio 1, de "orientação para a punição e obediência", para o estágio 2, de "orientação relativista instrumental" (DUSKA; WHELAN, 1994).

Pessoas de referência para as crianças, como pais e educadores, exercem forte influência sobre o desenvolvimento das capacidades cognitivas, sociais e morais delas. Contudo, é importante que essas pessoas tenham uma expectativa positiva em relação às conquistas das crianças, focando sua atenção muito mais naquilo que elas conseguem realizar do que nas dificuldades que possam apresentar.

2.2. Refletindo conceitos e enlaçando diferentes vozes

Tanto a paz como a violência são processos construídos a partir das relações entre seres (des)humanos, podendo, então, ser ensinados e/ou aprendidos (GUIMARÃES, 2004, p. 102). Para intensificar a adesão à cultura da paz no campo da educação, é imprescindível desconstruir ideias acerca da naturalização da guerra e da violência que se foram solidificando ao longo dos séculos. Assim, iremos entrelaçar as vozes das crianças com as vozes de diferentes autores, pois o diálogo é essencial no processo educacional, aliás, como diz Freire, "é uma exigência existencial" (FREIRE, 1975, p. 102).

2.2.1. Sobre a violência

A violência marca, com requintes de crueldades, as páginas da história da humanidade: duelos, enforcamentos, fogueiras, guilhotinas, tronco, guerras e revoluções. A violência esteve inscrita também na história do Brasil, desde o seu descobrimento. Segundo Bicudo (1994),

> o povo sofrido do Brasil sempre foi vítima da violência: dos colonizadores sobre os índios; dos senhores sobre os escravos; dos fazendeiros sobre os camponeses do passado, os boias-frias de hoje; dos latifundiários sobre os posseiros; dos patrões sobre os operários; dos poderosos sobre os que lutam pela liberdade; do poder temporal sobre a Igreja dos pobres (p. 10).

Assim, a violência foi se naturalizando e se banalizando... Hoje, embora, por vezes, incomodadas, as pessoas tornam-se capazes de conviver passivamente com ela em suas diversas formas de expressão. A todo momento e em todo lugar há gente machucando/matando gente; há gente maltratando bicho e planta; há gente destruindo a terra e a água; há gente se drogando e gente traficando; há gente na luxúria e gente na miséria; há gente morando no palácio e gente morando na rua; há gente doente, abandonada, analfabeta e há gente tirando vantagem; há gente trabalhando e gente explorando; há gente desempregada, desesperada; há gente pedindo ajuda e há gente dizendo que não pode fazer nada; há gente que ignora que os "outros" também são gente; há gente querendo ser "gente"... Isso tudo é destino dado? Não, tudo isso foi inventado, aprendido e ensinado, pois "[...] a violência é *cultural* e não *natural*" (MULLER, 1991, p. 12).

Em 1986, o Manifesto de Sevilha,[6] um documento elaborado por pesquisadores de todas as partes do mundo, denuncia, em cinco proposições, o uso inadequado de fatos e teorias científicas com a finalidade de legitimar a guerra e a violência. De forma sintetizada, as proposições deste documento são:

1. Cientificamente é incorreto dizer que herdamos de nossos antepassados, os animais, uma propensão para fazer a guerra;
2. Cientificamente é incorreto dizer que a guerra, ou qualquer outra forma de comportamento violento, está geneticamente programada na natureza humana;
3. Cientificamente é incorreto dizer que, no decorrer da evolução humana, se operou uma seleção a favor do comportamento agressivo sobre outros tipos;
4. Cientificamente é incorreto dizer que os homens têm cérebro violento;
5. Cientificamente é incorreto dizer que a guerra é um fenômeno instintivo ou que responde a um único motivo.

Conforme Guimarães (2004), a naturalização da violência (e da paz) é um dos maiores obstáculos para a construção de alternativas à violência. As pessoas não nascem violentas, mas podem tornar-se assim a partir das relações que estabelecem, das experiências que vivenciam. A violência não faz parte da natureza humana, e sim a agressividade. Segundo Muller (1991, p. 12), "agressividade é a capacidade de combatividade, de afirmação de si", não devendo ser confundida

---

[6] MANIFESTO DE SEVILHA. Disponível em: <http://www.londrinapazeando.org.br/index.php/unesco/422>.

com violência. Ao contrário, deve ser entendida como uma força necessária que mobiliza as pessoas a não ficarem resignadas diante das injustiças e das violências.

O impulso agressivo faz parte da natureza humana assim como o impulso amoroso (MALDONADO, 1997). Esse pode conduzir a violências ou ao enfrentamento delas, então deve ser canalizado para fins construtivos, como "a capacidade de indignar-se com as injustiças, agir com firmeza, ter tenacidade e persistência para superar obstáculos e procurar concretizar metas, enfrentar a competitividade do mercado de trabalho, ou *arena*[7] do pátio de recreio da escola" (MALDONADO, 1997, p. 59). Nesse sentido, Muller (1991, p. 12) assinala que "uma das primeiras tarefas de uma ação não violenta é a de 'mobilizar' aqueles que sofrem a injustiça, isto é, despertar sua agressividade a fim de prepará-los para a luta".

Violência é "[...] uso de palavras ou ações que machucam as pessoas. É violência também o uso abusivo ou injusto do poder, assim como o uso da força que resulta em ferimentos, sofrimentos, tortura ou morte" (MALDONADO, 1997, p. 9). Da mesma forma, Jares define como violência "tudo aquilo que impede as pessoas de se autorrealizar como seres humanos" (JARES, 2002, p. 131), seja por violência direta, seja estrutural.

Aguillera (1990) destaca dois tipos de violências: a violência direta, que envolve uso de arma; e a violência estrutural, que é gerada por estruturas injustas de poder e responsável pela fome, miséria, analfabetismo, precariedade na saúde, racismo etc.

---

[7] Grifo do autor.

Maldonado (1997) também distingue alguns tipos de violência: a estrutural, a sistêmica e a doméstica. A primeira refere-se a situações decorrentes das condições injustas da sociedade que produz o não suprimento das necessidades básicas de uma grande parcela da população condenada à miséria. A segunda, violência sistêmica, resulta da prática do autoritarismo enraizado, apesar das garantias democráticas expressas na Constituição de 1988. Por último, a violência doméstica envolve o abuso de poder exercido por pais ou responsáveis pela criança ou adolescente.

Considerando essas diversas formas de violência, "estudiosos têm preferido utilizar a expressão no plural – violências[8] – para falar de sua multiplicidade de formas: física, simbólica, psicológica, estrutural. É comum ouvirmos questionamentos do tipo "Por que tanta violência?", acompanhados de respostas como "Porque falta segurança!" e/ou "Porque falta policiamento!". Essa lógica simplista e pobre pode inibir o comportamento violento em determinadas situações, mas jamais alcançará resultados abrangentes e profundos, uma vez que não modifica as raízes da estrutura social injusta.

Bicudo (1994), defensor dos direitos humanos e da democracia, aponta o Brasil como um dos países mais violentos do mundo e afirma que a origem está no sistema socioeconômico desigual, que produz cada vez mais riqueza para uns poucos e pobreza, submissão e miséria para a grande maioria. E,

[...] Para manter essa injustiça, cometem-se inúmeras violências, e a maior delas consiste em retirar do povo a possibilidade de participar da vida política, econômica e social

---

[8] Neste trabalho optou-se pelo uso da expressão no plural, salvaguardando referências a autores que a utilizam no singular.

do país; consiste em dificultar, ou mesmo impedir, a livre organização e associação dos cidadãos para a defesa de seus direitos mais legítimos, deixando a brutalidade frequentemente impune (p. 11).

O Brasil tem uma legislação avançada na garantia de direitos, contudo, vemos que, a cada dia, necessidades sociais básicas como segurança, saúde, educação, moradia e alimentação estão mais distantes da maioria dos brasileiros. Tornou-se rotina o envolvimento de autoridades em escândalos de corrupção e apropriação indébita de recursos públicos. Também, diariamente, são divulgadas, através de todos os meios de comunicação, informações sobre as últimas novidades da injustiça, bem como informações sobre os crescentes índices de criminalidade, miséria, desemprego, acompanhados da ideia da falta de policiamento nas ruas.

Enfim, "os meios de comunicação de massa não nos informam sobre as razões e riscos da violência, mas sobre a própria violência" (CEADPAZ, *Conceitos fundamentais em educação para a paz;* módulo I, 2004, [s.n.]). Somos, também, muito frequentemente, orientados por esses veículos sobre certas técnicas preventivas a roubos ou assaltos e, até mesmo, ensinados a como nos comportar nessas situações. Aprendemos a "escapar" da violência, seguindo as mais diversas orientações e a não reagir em dadas situações, sob o risco de morte. O temor está espalhado... há gente com medo de gente.

Maldonado (1997), referindo-se às causas da violência, aponta para um grande número de fatores, como:

> [...] a excessiva exposição de crianças e jovens a cenas violentas, na mídia; o abuso de álcool e de outras drogas (es-

pecialmente a cocaína e o *crack*); o fácil acesso a armas; o crime organizado; o abuso e a negligência de crianças; a impunidade e a falta de assistência do governo; a miséria e o desemprego. Isso significa que a violência não tem uma causa simples e, portanto, não se pode encontrar uma solução simples: o controle da violência instituída precisa do trabalho coordenado de muita gente, em várias frentes. Significa, também, que é mais importante começar a trabalhar mais intensamente na prevenção da violência por meio da construção da paz (p. 6).

As violências, então, são questões que, neste momento, impõem-se à pauta educacional, devendo ser enfrentadas e trabalhadas. A escola não é um ambiente imune às brutalidades, sendo que os castigos físicos e as humilhações fazem parte da história da educação. Suas raízes podem ser encontradas na Grécia, em 800 a.C., onde "dizia-se que o jovem que não tinha sido açoitado, não tinha sido educado" (GILES, 1987, p. 14). As crianças eram criadas para servir ao Estado. Em Esparta, por exemplo, aos sete anos, o menino era entregue aos cuidados da escola oficial do Estado e treinado para enfrentar tempos de guerra, ou seja, passar frio e fome, sentir e aguentar dor. Ao ingressar na escola, deveria andar descalço e dormir em cama de palha, sem cobertor. Também recebia o mínimo de comida e deveria aprender a roubar com habilidade, sendo que era castigado com chicote se fosse apanhado em flagrante (GILES, 1987, p. 13).

Na Idade Média, Martinho Lutero e Erasmo de Roterdã condenavam as formas extremadas de castigo e memorização inútil (GILES, 1987, p. 120), práticas comuns nas escolas organizadas pela Igreja, que substituiu o estado neste papel. Os castigos que outrora envolviam o uso da "palmatória", o "ajoelhar-se sobre grãos de milho", "sentar na cadeira do burro", "escrever cem vezes a mesma frase" vêm sendo substituídos por "ficar sem recreio", "sentar para pensar" ou "receber nota baixa", ou seja, não foram eliminados do ambiente escolar.

A violência *entre* as crianças também tem preocupado pais e educadores, considerando que são muitas as situações de disputas, de falta de respeito, de roubos, de agressões verbais e corporais, incluindo uso de armas brancas ou de fogo no ambiente escolar. Os altos índices de violência divulgados nos meios de comunicação de massa contribuem para a "formação de modelos negativos de identificação, que são imitados pelas crianças e jovens, gerando comportamentos agressivos" (MALDONADO, 1997, p. 78-79).

Esse pensamento de Maldonado (1997) pode ser exemplificado pelo jogo simbólico desenvolvido por Pedro (5 anos) e Kleber (5 anos), no pátio da escola pesquisada. Eles corriam perseguindo um ao outro e, ao mesmo tempo, simulavam sons de armas e gestos de luta. Ao serem perguntados sobre o jogo que estavam desenvolvendo, relataram que estavam brincando de "Cavaleiro do Demônio". Explicaram, então, que esse personagem tem uma capa vermelha e preta e também um cavalo negro com olhos vermelhos e patas sujas de sangue humano seco. Contaram, ainda, que esse cavaleiro ataca e mata os humanos. Simulei estar assustada e perguntei-lhes se esse cavaleiro era muito mau. Kleber explicou, então, que, "nesta brincadeira, tem que fingir que os humanos é que são do mal".

Esse jogo simbólico, recriado pelas crianças durante o recreio, revela forte influência de programas televisivos direcionados ao público infantil. Os personagens dramatizados nessa brincadeira são "os humanos", que devem ser atacados e mortos, e os "cavaleiros do demônio", os quais, montados em seus cavalos com patas sujas de sangue, são os "donos do poder". Através desse jogo, Kleber dá pistas de estar recebendo a mensagem televisiva de que, em situação de conflito, a solução é eliminar o inimigo. Contudo, ao afirmar que é preciso "fingir" que os humanos é que são maus, Kleber reafirma o contexto imaginário em que o jogo se desenvolve e dá pista de que a ação de matar os humanos é inaceitável no plano da realidade. Assim, é especialmente importante trabalhar os valores morais, éticos e humanos na idade em que a criança está distinguindo fantasia e realidade, a fim de ajudá-la a avançar em seu raciocínio moral e construir uma leitura crítica do mundo.

Sabemos que as crianças, ainda que tenham a garantia legal de viverem com dignidade, também no plano da realidade estão sujeitas aos mais diversos tipos de violências: miséria, trabalho infantil, maus-tratos, exploração sexual e outras. O Estatuto da Criança e do Adolescente (1990) estabelece, em seu artigo 18, que os menores de dezoito anos sejam preservados de qualquer tipo de violência.

Além disso, também vemos o frequente envolvimento infantil em atos de delinquência, como roubos, furtos, estupros, sequestros e assassinatos. Padilla e González (1995) apontam uma estreita relação entre o comportamento delinquente e o raciocínio moral, sendo que jovens com comportamento amoral costumam apresentar raciocínio pouco avançado em resposta a dilemas morais, como os propostos por Kohlberg em sua pesquisa. É indispensável que, cotidianamente, o adulto evite coagir as crianças a adotarem determinado comportamento, mas considere o ponto de vistas delas, animando-as a também considerarem o ponto de vista dos demais.

Alunos do curso Normal, após realizarem práticas de observação em escolas de Educação Infantil, relataram que uma professora que atua com crianças de um a dois anos de idade costuma usar o seguinte procedimento para forçar as crianças a dormir depois do almoço: "[...] ela [a professora], com a ajuda do cabo de uma vassoura, balança uma bruxa de pano pendurada no teto e diz que a mesma virá pegar aqueles que não estiverem com os olhos fechados". Esse procedimento revela uma situação coerciva a que são expostas crianças pequenas que demonstram resistência à rotina escolar. O medo é a estratégia para garantir o cumprimento da norma por parte das crianças, e não o entendimento de que o descanso lhes possibilitará repor as energias para brincar ainda mais depois de acordar.

Durante a pesquisa realizada, as crianças, entrevistadas sobre o que não seria paz, fizeram as seguintes considerações:

– *A guerra, porque têm muitas pessoas machucadas, muitas pessoas mortas.* (David, 5 anos)

– *Os ladrões não são paz, porque eles não são do bem.* (Ivo, 5 anos)

– *Quando bate não é paz.* (Luana, 5 anos)

– *As pessoas más, que roubam.* (César, 5 anos)

– *Matar, brigar.* (Alice, 5 anos)

– *Brigar, chutar os outros e arrancar flores.* (Vinícius, 5 anos)

– *Brigar. Ter metralhadora de brinquedo, faca de brinquedo.* (Humberto, 5 anos)

– *É ficar chateado, ficar brabo!* (Samuel, 5 anos)

– *Brigar com o outro, brincar de "lutinha".* (Guilherme, 5 anos)

Elas revelam que não estão alheias à violência. Da mesma forma também demonstraram estar percebendo a multiplicidade de formas com que ela se manifesta. Ou seja, David, Ivo,

César e Alice fizeram alusão à violência direta, ao referirem guerra, brigas e roubo; Luana, ao afirmar que "quando bate não é paz", está fazendo referência a outro tipo de violência, a doméstica; Vinícius fez alusão à questão ambiental, ao relacionar violência com a ação de não arrancar flores; Guilherme e Samuel demonstraram estar atentos a seus brinquedos e brincadeiras ao associarem a "lutinha", a metralhadora de brinquedo e a faca de brinquedo com a violência. Em suma, podemos afirmar que as crianças pesquisadas não percebem a violência como algo muito distante delas, mas presente em seu cotidiano, e, de forma simbólica, em suas brincadeiras. A análise das falas também evidencia que elas ainda não associaram a violência à injustiça social.

2.2.2. Sobre os conflitos

Conforme Aguillera (1990), os conflitos devem ser entendidos como componentes básicos da vida social e necessários para o crescimento dos seres humanos. Aprender a resolvê-los sem o uso de violência é o objetivo da educação para a paz, pois a violência "[...] não merece apenas uma condenação, ela exige uma alternativa" (MULLER, 1991, p. 114). A busca de alternativas é compromisso do qual a escola não se pode eximir.

Jares (2002) ainda destaca que o conflito faz parte da vida cotidiana das pessoas e que é necessário valorizá-lo. Esse autor alerta para a predominância de um conceito tradicional de conflito, como sinônimo de violência e como algo que a sociedade precisa evitar.

Com referência aos conflitos no âmbito escolar, Jares (2002) destaca que, assim como outras instituições, a escola também vive diversos tipos de conflitos. No grupo de crianças observadas, esses aconteceram em decorrência de disputas por espaços, brinquedos e lideranças. A disputa pela liderança pode ser exemplificada pela interação entre Carlos (5 anos) e David (5 anos). Carlos conquistou certa liderança no grupo, o que lhe confere o "poder" de tomar algumas decisões, como expulsar e permitir o retorno dos infratores ao jogo de futebol, escolher e distribuir papéis nas brincadeiras. Por outro lado, David, ao mesmo tempo que quer fazer parte desse grupo, não se sujeita facilmente à liderança de Carlos. Em determinado momento, um grupo de meninos estava reunido e David, chorando, contava que Carlos não o deixava participar da brincadeira. Carlos logo foi dizendo que o João (5 anos) também não havia permitido. David, ainda choramingando, afasta-se do grupo e retorna alguns minutos depois. Aproxima-se de Carlos dizendo: "Eu dei dois 'pisões' no teu casaco". Carlos responde: "Não faz mal, depois eu vou pisar na tua mochila também". David se afasta novamente e Carlos continua brincando de carrinho com seus amigos.

As atitudes de David e Carlos evidenciam que já são capazes de evitar a agressão física, contudo eles ainda precisam valer-se de símbolos para marcar a sua força. Ou seja, para David, pisar no casaco de Carlos é como se estivesse pisando no próprio "poder" do colega que lidera a brincadeira e o exclui. Carlos reafirma o seu poder dizendo-lhe que fará o mesmo em sua mochila. É importante que, em situações como essa, as crianças sejam incentivadas a falar sobre seus sentimentos e a realizar exercícios de empatia para que sejam capazes de considerar os desejos e as necessidades dos outros ao tomarem decisões.

Com relação à disputa pelo espaço, foi possível observar que, na casinha, Oscar (5 anos) e David (5 anos) disputam o lugar no "canil", ou seja, o espaço embaixo de uma pequena mesa no canto da casinha. Oscar chora e diz que David bateu nele. David, embaixo da mesa, explica que também queria ser cachorro e que Oscar não deixava. Ao serem questionados se não caberiam dois cachorros dentro do canil, David logo disse que caberiam dois cachorros e encolheu-se no espaço, chamando Oscar para que entrasse junto com ele embaixo da mesa. Oscar não aceitou, porque queria o canil só para ele, e continuou choramingando sentado no tapete. Logo Ivo (5 anos) entrou no canil e brincou de cachorro com David.

Em relação aos brinquedos, as disputas acontecem especialmente pela posse de objetos trazidos de casa. João (5 anos) traz muitos carrinhos e gosta de emprestá-los a um grupo restrito de colegas identificados como sendo os seus "amigos". Aqueles que não conseguem o empréstimo, entre esses as meninas, choram e buscam a ajuda da professora. Segundo Moreno e Cubero (1995, p. 201), para as crianças pequenas "[...] um amigo é um colega de jogo (não percebem a relação como algo duradouro, senão momentâneo), alguém que tem determinados atributos físicos ('usa calça'), com quem se compartilha o gosto e a realização de determinadas atividades ('joga o mesmo que eu')".

Assim, o fato de uma criança não ter sua participação aceita em um jogo desenvolvido por um grupo específico não é indicativo de que ela seja rejeitada ou excluída no grande grupo. Essas situações são, muitas vezes, momentâneas. Ou seja, a criança que ora não é aceita por um grupo de iguais para participar de determinado jogo, poderá ser aceita em outros pequenos grupos naquele momento. Contudo, é importante que o adulto esteja atento a essas situações com vistas a incentivar as crianças a dialogarem acerca das regras de participação em jogos, fortalecendo a criação de um ambiente democrático e solidário.

As crianças entrevistadas sabem que os conflitos acontecem e que ainda precisam da ajuda do adulto para resolvê-los, conforme podemos perceber no depoimento de Kleber (5 anos):

– Circe: *Você acha que na escola tem paz?*
– Kleber: *Tem.*
– Circe: *Como é a paz aqui na escola?*
– Kleber: *Às vezes alguém bate, mas logo para.*
– Circe: *Como é que faz para parar a briga, parar de bater?*
– Kleber: *A "profe" chega e manda quem começou parar.*
– Circe: *E como a "profe" sabe quem começou?*
– Kleber: *É que é assim... tem um que tá chorando e o outro que não tá chorando. O que não tá chorando é o que bateu. E o que tá chorando é o que recebeu a batida.*
– Circe: *Você já bateu em alguém?*
– Kleber: *Eu não.*
– Circe: *E os seus colegas já bateram em você?*
– Kleber: *De vez em quando.*
– Circe: *O que você faz quando eles batem em você?*
– Kleber: *Eu chamo a "profe" e conto.*
– Circe: *E o que a "profe" faz?*
– Kleber: *Ela dá um "xinguinho'.*
– Circe: *O que ela diz no "xinguinho"?*
– Kleber: *Diz para conversar.*

Nessa entrevista Kleber rememora a própria experiência escolar e destaca que as "briguinhas" fazem parte da realidade e do cotidiano da Educação Infantil. Ao afirmar "chamo a 'profe' e conto", ele dá pistas de que as crianças, nesta idade, ainda precisam da ajuda dos adultos para pensar soluções e que essas podem ser encontradas no diálogo. Além disso, a expressão "xinguinho", criada por ele, leva-nos a entender que a professora intervém respeitosamente, chamando a atenção das crianças envolvidas no conflito, sem causar-lhes medo.

A professora da turma, durante a sua entrevista, relatou que certa vez utilizou o seguinte procedimento para a resolução de conflito: "Se você continuar agindo assim, não terá ninguém para brincar e lhe dar a mão!". Essa forma de resolução de conflito, embora auxilie a criança a refletir sobre suas atitudes, reforça a permanência dela no primeiro estágio de desenvolvimento moral, segundo os estudos de Kohlberg, "orientação para a punição e obediência", uma vez que a criança é incentivada a agir corretamente por respeito à autoridade e por medo de ser "punida" pelos colegas que não mais brincarão ou lhe darão a mão. Para promover o avanço no desenvolvimento moral, é preferível que a criança seja desafiada e incentivada a refletir acerca das consequências benéficas da boa ação. Ou seja, podemos incentivá-la a avançar para o segundo estágio – "orientação relativista instrumental" –, explicando-lhe que, quanto melhor ela tratar os seus colegas, melhor será tratada por eles, tendo, assim, muitos amigos para brincar e dar a mão.

2.2.3. Sobre a paz

O desafio de educar crianças de zero a cinco anos para a paz exige que comecemos investigando o que elas têm a nos dizer sobre a paz. Se não for desse modo, corremos o risco de construir algo interessante para os adultos, mas com pouco significado para as crianças. Na pesquisa realizada com crianças de cinco anos que frequentam a Educação Infantil de uma escola de rede particular, foram utilizados como instrumento de análise não só a voz das crianças, mas também os seus desenhos, por se constituírem, nessa fase da vida, em importante forma de expressão de ideias e sentimentos. As crianças entrevistadas expressam as seguintes concepções de paz:

- *Paz é alegria. Fiz eu brincando com as flores.* (Luana, 5 anos)
- *Paz é não matar pessoa, não matar bicho, não ter guerra. Eu fiz um golfinho, uma baleia.* (Kleber, 5 anos)
- *Paz é coisa do bem. Eu estou desenhando pessoa, porque as pessoas são do bem. Eu fiz também a nuvem, o sol e a terra.* (Ivo, 5 anos)
- *Paz é a igreja, porque a igreja é Jesus. Ele ajuda a gente a fazer o bem para os outros... para se recuperar da tosse e da dor de ouvido.* (Alice, 5 anos)
- *A paz é Deus. Ele criou todas as coisas: a natureza, as pessoas, o mar para a gente viver, a terra para a gente pegar, o cachorro. Eu desenhei as nuvens, o sol e o Jesus levantando uma pedra. Ele tem a força!* (David, 5 anos)
- *Paz é vida! Desenhei eu brincando.* (César, 5 anos)
- *Eu desenhei dois Bob Esponja jogando vôlei.* (Humberto, 5 anos)
- *Desenhei eu cheirando uma flor.* (Vinícius, 5 anos)
- *Eu fiz dois gurizinhos se abraçando. Porque eles são amigos. Brincam juntos e fazem coisas importantes juntos.* (Guilherme, 5 anos)
- *Paz é ser feliz. Eu fiz um homem feliz dando a mão para o Bob Esponja.* (Samuel, 5 anos)

Essas falas das crianças nos mostram que elas possuem uma visão bastante abrangente de paz. Referem-se a ela como uma dimensão relacional e de alteridade, associando-a à alegria de brincar com os amigos, à importância da amizade, ao contato com a natureza e ao amor de Deus. Demonstram, assim, que as suas concepções de paz superam a questão egocêntrica. Em 1999, durante a realização do projeto "EU SOU DA PAZ – arminhas, não!",[9] as crianças com cinco anos que frequentavam a Educação Infantil do Colégio Marista Pio XII[10] expressaram uma visão semelhante a essa:

– *Paz é ter amigos!* (Tânia)
– *É um beija-flor beijando a flor!* (Joseane)
– *É brincar com os amigos!* (Renata)
– *É a pomba!* (Amália)
– *É o mar e os passarinhos voando.* (Túlio)
– *É o arco-íris e as flores!* (Ana)
– *É a bandeira e o passarinho!* (Hélio)[11]

---

[9] Maiores detalhes sobre o desenvolvimento do projeto "EU SOU DA PAZ – arminhas, não!" encontram-se na monografia de curso de especialização em Ensino Religioso realizado durante o período de 1999 a 2000. MARQUES, Circe Mara. *Educar para a paz;* um projeto viável na Educação Infantil. p. 43.

[10] O Colégio Marista Pio XII é mantido pela União Sul Brasileira de Educação e Ensino (USBEE) e está localizado na zona central do município de Novo Hamburgo-RS. Atende alunos de classes sociais diversas e possui proposta pedagógica fundamentada nos ensinamentos de Marcelino Champagnat.

[11] Dados encontrados na monografia de curso de especialização em Ensino Religioso realizado durante o período de 1999 a 2000. MARQUES, Circe Mara. *Educar para a paz;* um projeto viável na Educação Infantil. p. 43.

Contudo, um aspecto curioso observado na época refere-se ao fato de as crianças terem desenhado a pomba da paz (Figura 1) e a bandeira da paz (Figura 2) utilizando cores e não o branco, como tradicionalmente são representadas em nossa cultura. Ou seja, "para as crianças a paz é colorida".[12]

Figura 1: Pomba da paz.   Figura 2: Bandeira da paz.

É possível uma aproximação entre o pensamento infantil e o pensamento de pesquisadores acerca desse tema? Quais os pontos de encontro (ou de desencontro) entre o conceito das crianças e o conceito de consagrados pesquisadores neste assunto? O diálogo reflexivo e crítico entre o pensamento das crianças e o de estudiosos como Aguillera (1990), Jares (2002) e Freire (1975, 1976, 1980, 1982, 1992, 1998, 2000a, 2000b e 2001) nos permite uma análise aprofundada da temática da paz.

---

[12] *Slogan* da campanha "EU SOU DA PAZ – arminhas, não!", desenvolvida em 1999 pelas crianças da Educação Infantil do Colégio Marista Pio XII.

Encontramos, no dicionário, o conceito de paz como ausência de conflitos, de guerras ou de perturbação. Uma leitura não reflexiva da definição encontrada no dicionário leva ao entendimento de paz como sendo o contrário de guerra e sinônimo de passividade, de letargia. Assim, a paz é garantida na medida em que as pessoas e as nações oprimidas silenciem e aceitem sua condição. A luta pela libertação seria uma perturbação social que abala a harmonia entre os povos, e para não quebrar essa harmonia uns devem obedecer aos outros.

Jares (2002, p. 123) destaca implicações ideológicas e políticas presentes nesta forma estreita e tradicional de entender a paz "[...] conceito pobre, classista e interessado politicamente e até mesmo perverso, em certo sentido, visto que mantém o *status quo* vigente".

A passividade e a aceitação da realidade perversa e injusta como um destino dado, de acordo com Freire, são incompatíveis com um novo conceito de paz. Para ele, é necessário lutar por ela, de modo que "não há esperança na passividade, na acomodação, no ajustamento, e sim na dialética inquietude e paz que caracteriza o ato crítico da busca permanente" (apud TORRES NOVOA, 1979, p. 8). Ainda nos ensina que "a luta não nega possibilidade de acordos, de acertos entre as partes antagônicas. Os acordos fazem parte igualmente da luta" (FREIRE, 1992, p. 93).

Seu pensamento supera o conceito de paz encontrado no dicionário e aponta em direção a uma concepção positiva, a qual está ligada à luta e à justiça social, ou seja, "A paz se cria e se constrói com a superação das realidades sociais perversas. A paz se cria e se constrói com a edificação incessante da justiça social" (apud JARES, 2002, p. 127).

Em *Pedagogia da autonomia* (2000a), Freire destaca o direito e o dever de todo oprimido rebelar-se diante das injustiças:

> Não junto a minha voz à dos que, falando em paz, pedem aos oprimidos, aos esfarrapados do mundo, a sua resignação. Minha voz tem outra semântica, tem outra música. Falo da resistência, da indignação, da "justa ira" dos traídos e dos enganados. Do seu direito e do seu dever de rebelar-se contra as transgressões éticas de que são vítimas cada vez mais sofridas (p. 113-114).

Em outra obra, *Pedagogia de indignação* (2000b), Freire também escreve que paz não vem antes de justiça e que "a melhor maneira de falar pela paz é fazer justiça" (p. 131).

Ao encontro desse pensamento de Freire, Jares (2002) também não se restringe à ideia de paz como sendo o contrário de guerra. Segundo Jares, a cultura da paz requer não só a ausência de violência como também a "presença de justiça, igualdade, respeito e liberdade" (p. 131) nas relações sociais. Nesse sentido ele também afirma que o conceito de paz está entrelaçado com outros "três conceitos intimamente ligados entre si: o desenvolvimento, os direitos humanos e a democracia" (p. 131).

Aguillera (1990) articula o conceito de paz com a necessidade de resolução de conflitos de forma não violenta e com a vida em harmonia com si mesmo, com os outros e com a natureza. Segundo ela, paz "es un concepto dinámico que nos lleva a hacer aflorar, afrontar y resolver los conflictos de una forma noviolenta y cuyo fin es el logro de una armonía de la persona consigo misma, con la naturaleza y con los demás" (p. 16).

As ideias de Jares (2002) e Aguillera (1990) estão presentes na fala e nos desenhos das crianças quando elas afirmam que paz é "não matar bicho e não matar pessoa", "ser do bem" e "não brigar". Por outro lado, as crianças entrevistadas na escola deram especial destaque às questões voltadas à espiritualidade, relacionando paz a Deus e a Jesus, o que não é destacado por esses autores. Possivelmente essa ideia trazida pelas crianças está relacionada ao contexto onde elas estão inseridas, pois a escola que frequentam é mantida por uma associação confessional e semanalmente acontecem encontros entre as crianças e o pastor escolar.

Na Educação Infantil, conforme os estudos de James W. Fowler (1992), predomina a imagem antropomórfica de Deus e as crianças entrevistadas evidenciaram isso, referindo-se a ele como alguém que usa capa e cura dores. Identificaram-no como alguém que usa capa, que tem "a força", que cura tosse e dor de ouvido. Assim, levam-nos a pensar que Deus está presente no cotidiano de suas vidas e que a paz é percebida por elas a partir da presença dele no ambiente escolar. Alice (5 anos), ao ser questionada se existe paz na escola, responde "sim, porque Jesus está junto quando a gente estuda e quando a gente cai".

2.3. A educação para a paz: uma breve abordagem histórica

Para a nossa sociedade de consumo, a educação para a paz pode ser entendida como uma "moda de momento", ou seja, como algo que surge para conter determinada demanda de violências, mas que, passado algum tempo, tende a tornar-se obsoleta e ineficaz. Se o educador assume essa concepção, então a sua prática educativa não terá efeito, pois não haverá convicção, não fará parte do cotidiano.

Jares (2002), fazendo uma abordagem história da educação para a paz, traz contribuição muito importante para essa reflexão. Esse autor afirma que a educação para a paz não se constitui em uma "criação de última hora nem uma moda pedagógica, nem a resposta pontual a determinado problema, por mais importante que seja este" (p. 16), mas que ela construiu uma caminhada histórica na qual é possível identificar diferentes fases, concepções, propostas e práticas educativas.

Referindo-se às origens e aos antecedentes da educação para a paz, Jares (2002, p. 21-23) aponta que o "legado da não violência" encontra-se nas ideias de Maavira,[13] de Buda, de Jesus Cristo e dos primeiros cristãos, de Tolstói[14] e de Tagore.[15] E, do ponto de vista pedagógico, Jares destaca as contribuições, no século XVII, de João Amós Comenius e de Jean-Jacques Rousseau, considerados "pioneiros da educação baseada no respeito às crianças, na união com a natureza e na fraternidade universal" (p. 23). Nessa abordagem histórica da educação para a paz Jares dá destaque à Escola Nova, ao nascimento da Unesco, às contribuições da não violência, à

---

[13] Fundador del *jainismo* en la India, siglo sexto antes de Jesucristo, privilegió el principio de la ahimsa o noviolencia como paideia religiosa, primer deber moral y máximo valor educativo (MORÁN, 2003, p. 102).

[14] Nascido em 1828. Seus princípios educativos estão assentados em um universalismo deísta-cristão que "deve guiar a criança e o homem adulto pelo caminho do amor e da não violência" (apud JARES, 2002, p. 22).

[15] Nascido em 1861. Tagore via no sistema de castas imperante na Índia a projeção em escala menor dos preconceitos que dividem os povos em raças e religiões. Entendia que só podia ser modificado mediante uma nova educação, antecedendo, portanto, o utopismo pedagógico que caracterizaria mais tarde o idealismo da Escola Nova (JARES, 2002, p. 23).

Pesquisa para a Paz e às consequências dos atentados de 11 de Setembro de 2001.

A Escola Nova, no início do século XX, constituiu-se como "primeira iniciativa sólida de reflexão e ação educativa pela paz" (JARES, 2002, p. 27). Esse movimento, além de defender a educação para a compreensão internacional, criticava veementemente a metodologia e a proposta pedagógica da escola tradicional por favorecer a formação de sujeitos submissos. A partir de então surge o "utopismo pedagógico", ou seja, a crença de que evitar a guerra e transformar a sociedade social é responsabilidade educacional (JARES, 2002, p. 45).

Em 1945, diante dos acontecimentos da Segunda Guerra Mundial e objetivando evitar novas catástrofes, cria-se a Organização das Nações Unidas (ONU), a qual, desde sua criação, contou com um organismo especializado para dar atenção às questões educacionais, a Unesco (Organização para a Ciência, a Cultura e a Educação). Naquele momento, ganhou destaque a ideia de que a paz será alcançada quando não existirem situações de grande tensão entre as nações. Também foi estendido um olhar em direção à "educação para os direitos humanos", à "educação para o meio ambiente" e à "educação para o desarmamento".

A "nãoviolência"[16] tem sua representação simbolizada no pensamento de Mohandas Karamchand Gandhi, que defendia a aprendizagem de técnicas não violentas para resolução de conflitos e as práticas de resistência civil, e não cooperação

---

[16] O termo "nãoviolência" escrito em uma única palavra deve-se ao fato de que a mesma não se define como pura negação da violência, mas traz consigo um programa construtivo de ação, um pensamento novo, uma nova concepção do homem e do mundo (JARES, 2002, p. 69).

com a injustiça. Segundo Morán (2003), Gandhi insistia em uma qualidade muito específica:

> Afirmaba que la única manera en que podíamos evitar que las acciones de alcance masivo degeneraran en violencia o colapsaran, era poniéndolas en manos de líderes que creyeran en la noviolencia no como mera técnica o estrategia política sino como principio moral y espiritual (p. 273).

Essa afirmação implica que se olhe atentamente para a formação de educadores, uma vez que eles são líderes no ambiente educativo e modelos a serem imitados pelas crianças. Ao exercerem sua liderança com autoritarismo, estarão propagando a cultura da violência, mas se, ao contrário, exercerem democraticamente essa liderança, estarão ensinando a "nãoviolência" e promovendo a identificação com a cultura da paz.

A Pesquisa para a Paz, disciplina desencadeada pelas trágicas consequências da Segunda Guerra Mundial, sinaliza, no final da década de 1950, as contribuições que a teoria pode trazer à mudança social. Conforme Jares (2002, p. 82), "o pesquisador sobre a paz é definido como um indivíduo que traz uma contribuição de ordem cognoscitiva à obtenção da paz", o que não deve ser confundido com a teorização do tema. Assim, a pesquisa para a paz potencializa e difunde a educação para a paz.

Com relação aos atentados de 11 de Setembro de 2001, Jares (2002) lembra que eles significam desprezo pela vida humana e a fratura da necessária unidade que deve existir entre os fins e os meios de toda ação política, social ou educativa. O autor aponta importantes consequências desses atentados, as quais podem ser assim sintetizadas:

a) a recuperação da ideologia dual da Guerra Fria; b) o medo da população e sua instrumentalização para favorecer a militarização da sociedade e a aprovação de novos investimentos militares; c) a perda de determinadas liberdades e, consequentemente, a violação de determinados direitos humanos; d) a imposição de uma visão unilateral do mundo e o reforço da hegemonia mundial dos Estados Unidos (JARES, 2002, p. 88-92).

2.4. As contribuições de Paulo Freire para a educação para a paz

A educação libertadora e a ressignificação do conceito de paz impulsionaram a educação para a paz na década de 1970. Jares (2002, p. 85) refere-se às contribuições do pensamento de Paulo Freire para o desenvolvimento da educação para a paz destacando o conceito de conscientização e a publicação da obra *Pedagogia do oprimido* como importantes referências para a superação da violência estrutural.

No pensamento educacional de Freire (1980), o conceito de "conscientização" se constitui em uma ideia-chave, estando para além da tomada de consciência, ou seja, ela implica que "[...] ultrapassemos a esfera espontânea da apreensão da realidade, para chegarmos a uma esfera crítica na qual a realidade se dá como objeto cognoscível e na qual o homem assume uma posição epistemológica" (p. 26).

Assim, olhando em direção à educação para a paz, não basta que tomemos consciência das maldades e injustiças, mas que assumamos posição utópica diante delas e que as enfrentemos, através de luta não violenta, com vistas a resgatar a ética universal do ser humano. Seguir esse caminho, de acordo com Freire, requer uma tomada de posição que defende "[...] a transformação, ao mesmo tempo, do homem e da realidade [...]" (apud TORRES NOVOA, 1979, p. 88).

Em *Pedagogia do oprimido* (1975), de Freire, podemos identificar uma relação estreita entre a educação bancária e a cultura da violência, e entre a educação libertadora e a cultura da paz. O modelo de educação bancária, sem promover a conscientização, tem contribuído para a manutenção e propagação da cultura da violência, pois, estando a mesma oculta em seu currículo, a escola cumpre o seu papel a favor das classes dominantes, formando pessoas incapazes de pensar autonomamente, de criar e de transformar a realidade. A educação libertadora, na medida em que conscientiza e emancipa, também educa para a paz, pois a luta não violenta é compromisso e obra do sujeito histórico comprometido com a justiça social.

A instauração de uma cultura da paz requer que optemos, na igreja e na escola, pela "denúncia" de violências e injustiças e pelo "anúncio" de uma sociedade mais humana. A denúncia e o anúncio, mobilizados pelos sonhos e pelas utopias, viabilizam mudanças.

Para Freire (2000b), é o sonho de mudar que mobiliza a ação, levando o sujeito a caminhar em direção a algo profundamente desejado e a enfrentar os obstáculos postos, ou seja, "os sonhos são projetos pelos quais se luta".

A cultura da paz, então, precisa ser sonhada por todos. A conscientização de que o sonho é factível conduz o oprimido ao exercício de sua liberdade e a agir no mundo para transformá-lo (FREIRE, 1975). A situação de oprimido e/ou de opressor não se deve ao acaso, mas é produto das ações e interações entre as pessoas. Nesse processo interativo, quando um lado se liberta dá, também, a liberdade ao outro.

Educar para a paz não admite a imposição da cultura de uns sobre os demais, mas pressupõe uma relação dialógica entre sujeitos que são, ao mesmo tempo, aprendentes e ensinantes.

Os conteúdos fazem parte do ato de ensinar e aprender, pois "não há, nunca houve nem pode haver educação sem conteúdo [...]" (FREIRE, 1992, p. 110). Contudo, cabe refletir acerca da forma como acontece a escolha dos conteúdos, da posição ideológica transmitida por eles e do papel de todos os envolvidos na prática educativa da escola na programação dos conteúdos.

A educação libertadora oferece ambiente propício à educação para a paz, considerando que fortalece as relações democráticas, promove a discussão e o diálogo, valoriza os diferentes saberes e promove a participação social. A consciência do direito e do dever de rebelar-se diante das injustiças e das violências não se constrói em um ambiente estruturado de forma rígida e autoritária. Paulo Freire enfatiza a importância da democratização das escolas e da formação permanente de educadores e educadoras (FREIRE, 1992).

Aquilo que se ensina e aquilo que se aprende, bem como a forma como se ensina e se aprende, não é destino dado e também não deve estar direcionado aos interesses de poucos. A valorização das contribuições dos estudantes e de seus familiares nos destinos da escola é uma das formas de educar cidadãos e cidadãs a acreditarem em suas possibilidades e a assumirem ativamente seu papel na mudança. Enquanto predominar a concepção de paz como dádiva divina, as pessoas permanecerão passivas diante da barbárie. Paulo Freire pontua que "devemos nos transformar em descobridores de novas verdades e, em tempo, torná-las concretamente reais" (apud TORRES NOVOA, 1979, p. 88). Logo, mudar a realidade social implica formar sujeitos livres e emancipados, ou seja, capazes de ler e sentir a realidade autonomamente, de dialogar, de refletir, de dizer a sua palavra e de ouvir atentamente a palavra do outro, de sonhar, de decidir e de lutar por uma sociedade mais humana.

2.5. Educar para a paz: qual é o compromisso? De quem é o compromisso?

Conforme Aguillera (1990), o compromisso de educar para a paz consiste em:

> Trabajar por un proceso educativo que signifique contribuir a alejar el peligro de la guerra, poner fin al expolio de las zonas empobrecidas del planeta, enseñar desde y para la noviolencia, aprender a considerar el conflicto como un vehículo de cambio de si sabemos resolverlo sin recurrir a la violencia, integrar al aluno/a en un proceso de transformación de la sociedad hacia la justicia, [...] En definitiva, éste va a ser el compromiso de educar para la paz (p. 15).

Dentro dessa linha de pensamento, Xesús R. Jares (2002) considera a educação para a paz como

> [...] um processo educativo, dinâmico, contínuo e permanente, fundamentado nos conceitos de paz positiva e na perspectiva criativa do conflito, como elementos significativos e definidores, e que, mediante a aplicação de enfoques socioafetivos e problematizantes, pretende desenvolver um novo tipo de cultura da paz, que ajude as pessoas a desvendar criticamente a realidade para poder situar-se diante dela e atuar em consequência.
> Realidade que é complexa e conflitiva e que entendemos em relação a três dimensões nas quais o ser humano se desenvolve: consigo mesmo e com os outros; com e a partir das

interações e estruturas sociais por ele criadas; e com o meio ambiente no qual transcorre a vida (p. 148).

Neste sentido, Jares (2002) aponta sete componentes como constitutivos da educação para a paz. São eles: 1) Educação para a Compreensão Internacional; 2) Educação para os Direitos Humanos; 3) Educação Mundialista e Multicultural; 4) Educação Intercultural; 5) Educação para o Desarmamento; 6) Educação para o Desenvolvimento; 7) Educação para o Conflito e a Desobediência.

Tal visão abrangente de educação para a paz aponta para a conquista da autonomia e da identidade; para o respeito à diversidade cultural, ética e política dos povos; para a unidade dos seres humanos, mobilizando todos a encontrarem soluções para os problemas que afetam a sociedade mundial; para a vivência dos Direitos Humanos e para mudança de atitudes em relação às desigualdades sociais e econômicas; para o desenvolvimento da capacidade criativa de resolver conflitos; para a aversão ao armamento e à guerra. Contudo, a quem cabe esse compromisso? Inicialmente, é preciso superar a concepção de paz como um ideal distante e irrealizável e pensá-la como uma tarefa que está ao nosso alcance e que todos temos compromisso de operar.

Hoje, cada dia mais pessoas vêm assumindo esse compromisso com a paz e é inegável a existência e o crescimento de grupos, instituições e práticas em favor da paz e da não violência. A partir das conhecidas até o momento, acreditamos que educar para a paz é um compromisso pessoal e também um compromisso que envolve diversos segmentos da sociedade, como, por exemplo:

a) *O compromisso pessoal:* pessoas que vivem em paz com si mesmas tenderão a se relacionar harmoniosamente com os outros e com o meio ambiente. Esta paz interior implica satisfação com a vida, saber lidar com os próprios sentimentos e uma adequada construção de autoestima. Para amar os outros, é preciso, antes de tudo, amar a si mesmo.

b) *O compromisso das autoridades governantes:* temos, no Brasil, uma legislação exemplar que garante, entre outros, os direitos de todos os cidadãos no que diz respeito aos direitos humanos, aos direitos da criança e do adolescente, ao Código de Defesa do Consumidor, à proteção ao meio ambiente. Contudo, temos também, na mesma proporção, um vergonhoso desrespeito a tudo o que está escrito e que deveria estar garantido por lei. É imprescindível que o governo passe a investir mais e melhor na educação, na saúde, na habitação, na justa distribuição de renda, no combate à inflação e ao desemprego, pois deficiências nestes setores é que geram a violência. As autoridades, na qualidade de dirigentes da nação, precisam envolver-se e mobilizar o maior número de pessoas em torno de programas e atividades que objetivem a cultura da paz e da não violência.

A assembleia das Nações Unidas, em janeiro de 1988, proclamou o ano 2000 como o Ano Internacional por uma Cultura de Paz. Nesse contexto foi escrito o Manifesto 2000, o qual, através de um texto simples, convidava pessoas comuns do mundo inteiro a assumirem responsabilidade pela construção da cultura de paz. Em Haia, no ano de 1999, foi lançada a Campanha Mundial de Educação para a Paz com o objetivo de introduzir esse tema em todas as esferas da educação, em todas as escolas do mundo, e de promover a formação de professores pela paz. Desde então diversos cursos e oficinas com vistas a não somente conquistar simpatizantes, mas a formar e mobilizar ativistas pela paz, vêm atraindo voluntários em todos os lugares.

c) *O compromisso dos meios de comunicação:* é indiscutível a influência que exercem os meios de comunicação na formação da mente de crianças e adolescentes e, por que não dizer, até mesmo dos adultos. Das cinco crianças entrevistadas, duas delas registraram em seus desenhos sobre paz o personagem de desenho animado Bob Esponja.[17]
Diariamente, através da televisão, sofremos um verdadeiro bombardeio de cenas de sexo, violência e discriminação racial, distribuídas nos mais diversos horários, em noticiários, propagandas, novelas, filmes, desenhos animados e programas de auditório. As crianças recebem essas mensagens e sofrem a influência delas em seu comportamento, em sua forma de se relacionar com os outros e em sua visão de mundo. A música, na TV e no rádio, já nem se limita mais a incitar as crianças a repetirem refrões vazios de significado, como ainda estimula danças sensuais. Com isso, ainda estimula o consumo, por parte de crianças e jovens, de diversos acessórios, tais como roupas,

---

[17] Desenho animado no qual o personagem principal é uma esponja amarela que mora dentro de um abacaxi no fundo do mar. Bob Esponja pode assumir a forma de objetos para salvar os amigos. Tem um caracol como bicho de estimação e trabalha numa lanchonete fritando hambúrgueres. No Brasil, o programa é exibido na Rede Globo e no canal Nickelodeon.

calçados, jogos, brinquedos e outros produtos midiáticos. Carvajal (1998), a respeito, aponta que "o rito e o mito das culturas tradicionais foram substituídos, em seu modelo de identidade e de controle, por uma cultura de consumo irresponsável" (p. 115).

Enquanto não acontece um investimento dos meios de comunicação, especialmente a televisão, em programas infantis de qualidade, faz-se necessária a interferência dos pais, no sentido de selecionar aqueles que oferecem menores riscos de confronto com seus valores, e, ao mesmo tempo, outras formas de lazer às crianças, tais como jogos, leituras, passeios... Sonha-se com o dia em que os meios de comunicação, através de seus programas, utilizem toda a força que possuem para influenciar positivamente a mente de crianças e jovens na formação de valores como paz, solidariedade, justiça, respeito ao outro e ao meio ambiente.

d) *O compromisso das Igrejas*: as Igrejas têm a possibilidade de promover a reconciliação das pessoas entre si e com o seu Deus. Contudo, não podem restringir-se a "pregar a Palavra de Deus" de forma teórica, sem fazer uma ligação com a atual realidade. Precisam fazer-se presentes, através de seus membros, junto àqueles que sofrem, confortando e levando mensagens de esperança aos que precisam, pois a espiritualização pode proporcionar uma mudança de ação. Além disso, elas têm o poder de juntar, de agrupar pessoas, e podem valer-se da força dessa união para promover ações sociais de solidariedade. Como se pode ver, as Igrejas, então, precisam fazer a conexão entre realidade, seus dogmas e ação humana. Somente assim contribuirão para a formação de seres humanos críticos e participativos na transformação do mundo onde vivem.

e) *O compromisso das famílias:* o conceito tradicional de família constituída por pai, mãe e filhos já não dá conta das multiplicidades de configurações familiares com que nos deparamos na contemporaneidade. Seja qual for essa configuração, é com as pessoas responsáveis por ela que a criança aprenderá a falar, a andar, a alimentar-se e, certamente, também entenderá o que é a paz ou a violência. Prevenir a violência, então, é um compromisso da família e tem início já na época da gravidez, através do fortalecimento das bases amorosas, de forma que o bebê se sinta querido e desejado. Depois do nascimento, é preciso aconchego, acolhimento, amamentação e ambiente tranquilo para crescer e se desenvolver. Em situações de conflito, a disciplina precisa ser conquistada através do diálogo, sem a utilização de métodos violentos. Para isso, é preciso ajudar a criança a substituir a ação motora direta e agressiva pela comunicação com palavras, ou seja, buscar a expressão verbal de seus sentimentos. Da mesma forma, é imprescindível uma atitude de escuta sincera e sensível por parte dos pais, respeitando e valorizando os sentimentos da criança. O autoritarismo e a permissividade não educam. Os familiares devem dizer à criança, com firmeza, aquilo de que não gostam, mas sem ofendê-la. Do contrário, provocam raiva e atitude violenta por parte dela. O ideal é negociar a solução do conflito buscando o consenso, mas sem abrir mão de suas referências de valores. Conforme Maldonado (2004), é nas divergências do dia a dia que se aprende a colocar em prática os valores fundamentais do relacionamento; é quando se busca resolver as situações sem tapas e/ou gritos, ou seja, sem uso de violência. Assim, a criança constrói seu modelo de vida a partir daquilo que observa cotidianamente em seus cuidadores.

f) *O compromisso da escola:* a escola não tem o poder nem a ousadia de querer transformar a sociedade, entretanto, considerando que por ela passam inúmeras mentes em formação, é inegável a sua contribuição, contanto que se comprometa a resgatar valores de convivência solidária e que se crie um espaço de vivência democrática desses valores. É preciso que a escola inclua estudos sobre a paz, sobre a violência e direitos humanos em seu currículo e invista na capacitação de todos os seus professores/funcionários em educar para a paz. A paz é um conteúdo que perpassa e se ajusta a qualquer componente curricular, seja Matemática, Educação Física, História, Geografia etc. É uma proposta que precisa ser estudada, projetada, desenvolvida e vivida por toda a comunidade educativa; só assim "educar para a paz" poderá tornar-se uma realidade no ambiente escolar. Mesmo com crianças pequenas, essa é uma proposta possível, necessária e urgente, tendo em vista que os primeiros anos de vida são de fundamental importância para a formação do ser humano, e uma das fases da vida em que mais se aprende.

Os professores têm, em suas mãos, uma bela missão. Cabe a eles ajudar os alunos a terem uma nova visão de sociedade e contribuir na formação de valores mais solidários. Em se tratando de crianças pequenas, os professores educam mais pelo que são do que por aquilo que dizem. Ao estabelecerem uma relação de afeto e confiança com os alunos, é possível que essa forma de se relacionarem predomine no ambiente escolar e que as crianças desse grupo estendam essa vivência a outros grupos com os quais convivem. Se, ao contrário, predominar uma relação autoritária, com a concentração do "poder" nas mãos de uma das partes, no caso os professores, possivelmente também será essa a forma como as crianças construirão sua visão de mundo.

Paz se aprende e se ensina com amor, com respeito e com justiça. Constrói-se em casa, na escola, na rua, na igreja... Para isso é preciso dispor-se a ficar desarmado... Desarmado de arma de fogo, de preconceito racial, de competitividade e de tantos outros valores internalizados, naturalizados e solidificados ao longo dos anos. É preciso, ainda, dispor-se a cuidar de tudo o que existe. Considerando a importância do cuidar-educar nesses primeiros anos de vida e o valor do "brincar" como uma linguagem da criança, veremos, no próximo capítulo, a dialogicidade entre o cuidar-educar e a educação para a paz na Educação Infantil.

3. A DIALOGICIDADE ENTRE "CUIDAR-EDUCAR" E A EDUCAÇÃO PARA A PAZ NO CURRÍCULO DA EDUCAÇÃO INFANTIL

Este capítulo foi construído a partir da observação, da escuta e da análise da fala das crianças da Educação Infantil quando indagadas acerca do compromisso dos adultos com a educação para a paz e, também, a partir da análise da visão que elas expressam acerca das próprias possibilidades de intervir pela paz. As observações e a escuta levaram-nos a refletir sobre o lugar e o significado da função "cuidar-educar" e do "brincar" no currículo da Educação Infantil como eixos pelos quais deve transitar a educação para a paz neste nível de ensino. Também é importante pontuar que a concepção de currículo aqui discutida tem como referência a definição adotada nas Diretrizes Curriculares Nacionais para a Educação Infantil, a qual o define como

> conjunto de práticas que buscam articular as experiências e os saberes das crianças com os conhecimentos que fazem parte do patrimônio cultural, ambiental, científico e tecno-

lógico, de modo a promover o desenvolvimento integral de crianças de 0 a 5 anos de idade (BRASIL, 2010, p. 12).

Esse entendimento de currículo, bem como as falas das crianças que serão aqui apresentadas e discutidas, dialogam com o pensamento de Freire, quando afirma a esperança e rechaça o fatalismo, reconhecendo a história como tempo de possibilidade e não de determinismos, e o futuro como sendo problemático e não inexorável (FREIRE, 2000a).

3.1. O compromisso dos adultos com a temática da paz: as concepções dos educadores e as das crianças da Educação Infantil

Aquilo que é vivido pelas crianças na Educação Infantil tende a deixar marcas em suas ideias e sentimentos, em suas ações e interações, contribuindo para que assumam ou não compromisso com a mudança social. Os adultos têm papel relevante nas experiências vividas por elas no ambiente escolar.

A respeito da abordagem de temas realistas e existenciais com as crianças, André de Carvalho (apud BRANDÃO, 1977, p. 2) aponta que "[...] a criança não pode ser murada; não adianta querer preservá-la, defendê-la, erigi-la em último reduto. [...] é preciso não esconder nada, mas mostrar que, apesar de tudo, este mundo pode e deve ser reconstruído, exatamente por esta criança participante".

As crianças estão atentas a tudo o que acontece à sua volta, e o compromisso de pais e educadores não se restringe a ser meros espectadores nessa leitura de mundo feita por elas, mas de mediadores no processo reflexivo acerca daquilo que estão percebendo, ou seja, os adultos precisam ajudá-las a refletir sobre isso. Rodrigo (1995), referindo-se ao conhecimento de mundo nos anos pré-escolares, destaca que ele "é adquirido muito cedo, em contato com a rotina diária de atividades e a interação permanente com os objetos e, muito especialmente, com as pessoas" (p. 133).

Durante a entrevista concedida pela professora da turma, ela, referindo-se ao trabalho que vinha desenvolvendo com as crianças sobre a guerra, destacou que "é preciso trazer aquilo que acontece longe para a vivência em sala de aula, com os colegas". Contudo, é primordial considerar que a paz também pode e deve ser trabalhada de forma bastante significativa para as crianças a partir das situações que acontecem no cotidiano delas.

No momento em que foram iniciadas as observações, todas as turmas da Educação Infantil e das primeiras séries do Ensino Fundamental, por sugestão da coordenação pedagógica da escola, estavam desenvolvendo um projeto sobre o meio ambiente: foi proposto, a cada turma, abordar um aspecto desse tema para, depois, ser compartilhado com as demais turmas em uma exposição que aconteceria nos próximos dias. A turma observada se dispôs a pesquisar, estudar e preparar materiais sobre a reciclagem dos plásticos. Conforme foi relatado oralmente pela professora, as crianças pesquisaram de onde vem o plástico e descobriram que ele é matéria-prima fabricada a partir do petróleo. Descobriram, também, que um dos maiores produtores de petróleo é o Iraque, então logo começaram a relatar informações obtidas em noticiários de televisão sobre a guerra naquele país. A professora, sensível ao interesse das crianças, sugeriu que elas pesquisassem, com seus familiares, os motivos pelos quais acontecia tal conflito. Nos dias subsequentes, as crianças retornaram com inúmeras informações. Na roda, elas fizeram os seguintes comentários:

- *Meu pai me contou que os Estados Unidos "começou" a guerra porque queria roubar o petróleo do Iraque.* (Alice, 5 anos)
- *Eu vi na TV que, quando a guerra termina, a cidade fica toda destruída. Tinham que construir tudo de novo e levar os feridos para o hospital.* (Kleber, 5 anos)
- *Bastante gente morreu por causa dos mísseis e dessas armas.* (Kleber, 5 anos)

A partir das falas das crianças, a professora exercitou com elas a capacidade de colocarem-se no lugar dos outros, perguntando-lhes como se sentiriam se fossem crianças iraquianas e tivessem suas casas destruídas e seus familiares, feridos. Entrevistou-as, questionando aquilo que teriam vontade de dizer ao mundo se fossem crianças iraquianas e pediu que representassem isso através de desenho, conforme pode ser visto na Figura 3:

Figura 3: Desenho sobre a guerra (David, 5 anos).

Ao incentivar as crianças a adotarem uma perspectiva social, ou seja, a imaginarem-se no lugar do outro, a professora está incentivando o desenvolvimento do raciocínio moral.

A guerra no Iraque ganhou destaque no projeto sobre o meio ambiente em função das descobertas do próprio grupo sobre o petróleo. A professora criou situações para que as crianças pesquisassem, refletissem e expressassem seus sentimentos em relação a essa situação concreta de violência no mundo. No decorrer desse trabalho, contudo, elas tiveram mais oportunidades de se expressarem sobre a guerra do que sobre a paz. A ênfase na questão da guerra pode ser ilustrada pela atividade em que a professora coletou, entre as crianças, "depoimentos sobre a guerra". Durante as entrevistas ela registrou a fala das crianças sobre a guerra e não fez menção à paz. Poderiam ter sido abordadas, com as crianças, algumas das tantas manifestações e as campanhas pela paz que vêm acontecendo em todas as partes do mundo. Assim, elas estariam construindo referências positivas a partir de modelos atuais e passados, como: Jesus Cristo, Moisés, Buda, Maomé, Lao-Tsé, Allan Kardec, Mahatma Gandhi, Martin Luther King Jr., Madre Teresa de Calcutá, Herbert de Souza, Chico Mendes e muitos outros destaques no cenário mundial de luta pela paz ou, ainda, de pessoas da própria comunidade que trabalham pela paz.

Jares (2002) destaca a importância de as escolas seguirem um modelo sociocrítico, o qual se baseia nos conceitos de paz positiva, bem como na perspectiva criativa do conflito. Esse modelo questiona as atuais estruturas sociais e pontua que, para evitar a violência, é necessário que o currículo atual das escolas seja reformulado no sentido de promover a emancipação do educando. O professor, então, deve assumir compromisso sociopolítico com os valores da paz e focar a sua ação pedagógica nesses contextos, pois é responsabilidade do adulto oferecer um ambiente no qual a cultura da paz seja ensinada e aprendida. Isso indica que ele deve estar capacitado a educar para a paz. Essa capacitação, para alcançar mudanças profundas, não pode acontecer sob a forma de treinamentos ou ficar restrita à aprendizagem de técnicas, mas deve acontecer a partir de reflexões acerca de sua prática e da teoria que fundamenta essa prática. Dessa forma, Becker indaga:

> Como um professor pode transformar sua prática sem transformar a teoria? Como pode implementar uma prática inovadora com uma "teoria" arcaica, não crítica; com uma teoria que pouco ou nada tem de científico e que, de fato, não se diferencia significativamente do senso comum? (BECKER, 2003, p. 54).

As crianças pesquisadas, ao serem questionadas acerca de qual deveria ser o compromisso dos adultos com a construção da paz, deram os seguintes depoimentos:

- *Ajudar a pegar os ladrões que se soltaram da prisão. Ligar para a polícia quando tem ladrão.* (David, 5 anos)
- *Em vez de pegar as coisas sem pedir, tem que pegar as coisas com pedir. Fazer as coisas ao contrário do mau.* (Ivo, 5 anos)
- *Não brigar, não fazer guerra, não bater no outro, não fazer coisas que a pessoa não gosta.* (Kleber, 5 anos)
- *Escrever, brincar, estudar, cuidar das crianças.* (César, 5 anos)
- *Ajudar todo mundo. Pedir ao Jesus para virarem bonzinhos de novo.* (Alice, 5 anos)
- *Trabalhar.* (Luana, 5 anos)
- *Os pais não devem brigar com as mães.* (Guilherme, 5 anos)

- *Cuidar das crianças pequenas. Não brigar com as crianças pequenas. Pedir para o Jesus também cuidar delas.* (Vinícius, 5 anos)
- *Brincar com os filhos; embalar os filhos no balanço. Trabalhar para ganhar dinheiro e comprar comida.* (Humberto, 5 anos)
- *Trabalhar; cuidar das crianças e dos animais.* (Samuel, 5 anos)

Como podemos constatar a partir dessas falas, elas expressam o desejo de que os adultos assumam compromisso com a justiça, com a educação, com a questão do desemprego, com o respeito aos direitos dos outros, com a fé e com o "cuidado". Essa última esteve presente, de forma explícita ou implícita, no depoimento de diversas crianças acerca do compromisso dos adultos com a paz. Elas, então, apontaram uma relação dialógica entre o cuidar e a educação para a paz no currículo da Educação Infantil.

3.2. O currículo e a Educação Infantil

A escola faz parte de um contexto social, político e econômico e, através de seu currículo, pode colaborar para mudar a cultura da violência para uma cultura da paz. Bujes (2001) destaca que, até meados da década de 1960, as questões curriculares referentes à educação de crianças pequenas não eram objeto de grande debate, embora já estivessem presentes nos estudos de educadores desde o início do século XIX.

Por volta da década de 1970, os interesses no campo curricular ainda se limitavam a questões de ordem técnico-pedagógica do tipo "o que ensinar?" e/ou "como ensinar na Educação Infantil?". Ferraro e Machado (2002) destacam que o interesse pela educação pré-escolar, na década de 1970, consistia numa estratégia para contornar os altos índices de reprovação e evasão escolar nas séries iniciais. Na época incrementaram-se os programas compensatórios com vistas a suprir carências culturais, alimentares e afetivas de crianças pertencentes a classes economicamente menos favorecidas. Era comum oferecer às crianças de cinco a seis anos atividades como colorir figuras prontas e/ou cobrir com o lápis as linhas pontilhadas de um desenho. Nessas práticas educativas estava embutido, de forma sutil, o princípio ideológico de "treinar" as crianças para "obedecerem" às regras estabelecidas, assim como promover o desenvolvimento de suas habilidades motoras de modo a evitar reprovação na primeira série, garantir a formação dos "futuros operários" e assegurar a manutenção do sistema vigente.

No início da década de 1990, as teorias críticas de currículo direcionaram a ênfase dos conceitos psicológicos e pedagógicos de ensino e aprendizagem para um enfoque sociológico de currículo. Giroux, Apple, Young e Paulo Freire no campo curricular e, ao mesmo tempo, Marx, Gramsci, Bourdieu, Lefèbvre, Habermas e Bachelard, no campo da sociologia e da filosofia, são referenciais que destacam os conceitos de ideologia e de poder (LOPES; MACEDO, 2002). A partir de então a teoria curricular abarcou questionamentos do tipo: Por que ensinar/aprender este e não aquele conteúdo? Essas novas indagações sugerem reflexões acerca das ideologias ocultas nas escolhas de determinados conteúdos em detrimento de outros e, também, sobre o tipo de pessoa que se busca formar através desse processo educativo.

O conceito de currículo ultrapassa a delimitada visão de listagem de conteúdos e de técnicas e procedimentos, requerendo uma visão mais profunda e abrangente direcionada às estruturas de poder. Dentro dessa perspectiva, o educador Henry A. Giroux (1997) tem a seguinte compreensão de currículo:

> [...] questões referentes à produção, distribuição e avaliação do conhecimento estão diretamente relacionadas com as questões de controle e dominação na sociedade mais ampla. Isto pode ser melhor compreendido examinando-se alguns dos tipos de perguntas que serviriam de base para ver o currículo desta perspectiva. Estas questões incluiriam:
> 1. O que conta como conhecimento curricular?
> 2. Como tal conhecimento é produzido?
> 3. Como tal conhecimento é transmitido em sala de aula?
> 4. Que tipos de relacionamentos sociais em sala de aula servem para espelhar e reproduzir os valores e normas incorporadas nas relações sociais aceitas de outros lugares sociais dominantes?
> 5. Quem tem acesso a formas legítimas de conhecimento?
> 6. Aos interesses de quem este conhecimento está a serviço?
> 7. Como são medidas as contradições e tensões políticas e sociais através de formas aceitáveis de conhecimento escolar e relacionamentos sociais?
> 8. Como os métodos de avaliação predominantes servem para legitimar as formas de conhecimentos existentes? (p. 49).

As indagações de Giroux sugerem a necessidade de, hoje, lançar-se um olhar atento tanto àquilo que vem sendo ensinado e aprendido como ao modo como isso vem acontecendo. Como foi mostrado anteriormente, o conceito de currículo adotado nas Diretrizes Curriculares Nacionais para a Educação Infantil também aponta nessa direção para promover o desenvolvimento integral das crianças de zero a cinco anos.

3.3. "Cuidar-educar": uma ação amorosamente planejada

Em uma perspectiva histórica e cultural, vimos que as famílias, por muito tempo, monopolizaram a educação e os cuidados dispensados às crianças em seus primeiros anos de vida. A intensificação do ingresso das mulheres no mercado de trabalho trouxe a necessidade de que alguém assumisse a função de cuidar das crianças durante a jornada de trabalho da mãe-operária. Surgiram, então, as primeiras creches com vistas a oferecer, às crianças pobres, o suprimento das necessidades básicas, tais como higiene, alimentação e descanso. Mais tarde, com o surgimento dos jardins de infância, o fator econômico foi se constituindo em um dos determinantes para o tipo de atendimento ao qual a criança teria acesso. Ou seja, às crianças pobres era oportunizado, nas creches, o suprimento das necessidades básicas, enquanto, nos jardins de infância, as crianças privilegiadas economicamente tinham acesso a propostas pedagógicas voltadas para o desenvolvimento de suas capacidades físicas, motoras, cognitivas e sociais.

Enfim, ao longo de nossa história o atendimento institucional de crianças pequenas esteve voltado ao cuidado das necessidades básicas. Sem dúvida, cuidar é essencial à vida. Todo aquele que tem vida é porque foi, por algum tempo, cuidado por alguém. Sabe-se, contudo, que o ato de "cuidar" pode estar representado por uma gama enorme de significados e que esses variam conforme a cultura, a época e as condições e características individuais do cuidador e daquele que é cuidado. Assim, pode-se afirmar que hoje não se cuida da mesma forma como se fazia em tempos passados; que as crianças economicamente privilegiadas recebem cuidados que as crianças pobres não recebem; que os cuidadores podem cuidar com maior ou menor amor e dedicação; que aquele que é cuidado pode necessitar de mais ou de menos cuidado, dependendo da situação ou da fase de desenvolvimento em que se encontra. Enfim, há uma variedade de fatores a serem considerados ao refletirmos sobre a ação de cuidar.

Boff (1999b, p. 11) amplia ainda mais a ideia de cuidado, pontuando a necessidade de se cuidar de tudo que existe. Segundo ele, "a essência humana não se encontra tanto na inteligência, na liberdade ou na criatividade, mas basicamente no cuidado", pois é aí que se encontra o *ethos* fundamental do humano.

Esse pensamento de Boff revela a questão do cuidado em uma perspectiva social, ou seja, transcende o restrito espaço familiar ou escolar e se lança na dimensão da ética planetária. Dessa forma, podemos entender que "cuidar da criança" também se refere à luta contra as injustiças sociais. Isso, então, nos remete ao conceito de paz como algo a ser construído a "partir da edificação incessante da justiça social" (apud JARES, 2002, p. 127).

A nova dimensão da Educação Infantil como primeira etapa da educação básica gerou uma valorização do profissional da Educação Infantil em decorrência de sua nova função: "cuidar e educar". Essa função não admite divisão na prestação de atendimento à criança, ou seja, de um lado, a professora, cumprindo o papel de "educar", e, de outro, a atendente, cumprindo o papel de "cuidar".

A impossibilidade de separação entre as funções "cuidar e educar" no atendimento a crianças pequenas em creches e pré-escolas ganhou ênfase na década de 1990, pois os cuidados, segundo Bujes (2001), devem ser entendidos não só como provimento de higiene, descanso e alimentação, mas incluir também a oferta de ambiente acolhedor, alegre, desafiador e com adultos qualificados para o atendimento.

Nesse sentido, Redin (2003) afirma:

> Toda relação humana é educativa. Todo contato com criança deixa marcas que definem posições. No caso da Educação Infantil, fica difícil distinguir o que é específico de escola do que é de assistência, higiene, saúde. Toda relação estabelecida com a criança, em qualquer idade, mediada pelo mundo dos objetos, das pessoas, pela instituição educacional, com seu cotidiano e rituais, é educativa. É educativa também a relação assistencial, de atendimento às necessidades imediatas de higiene, alimentação, saúde, proteção e aconchego (p. 49).

Essa dimensão indissociável entre cuidar e educar também está presente nos Referenciais Curriculares Nacionais para a Educação Infantil, pois, segundo este documento,

> o desenvolvimento integral depende tanto dos cuidados relacionais, que envolvem a dimensão afetiva e os cuidados com os aspectos biológicos do corpo, como da qualidade da alimentação e dos cuidados com a saúde, quanto da forma como esses cuidados são oferecidos e das oportunidades de acesso a conhecimentos variados (BRASIL, 1998, v. 1, p. 24).

No cotidiano das escolas de Educação Infantil não é possível a delimitação de um tempo e de um espaço para cuidar e de outro tempo e espaço para educar. Cuidar e educar são como as duas faces da mesma moeda, cara e coroa, pois, embora cada face tenha a sua identidade, elas são inseparáveis. Se uma das faces estiver danificada, a moeda continua existindo, mas não tem valor. A necessidade de as crianças serem respeitadas em seus direitos requer a presença de pessoas que tanto cuidem como eduquem.

Hoje, vivemos um momento em que a Educação Infantil se consagrou como um direito garantido a todas as crianças, pela Constituição Brasileira de 1988, pelo Estatuto da Criança e do Adolescente (1990) e pela Lei de Diretrizes e Bases da Educação Nacional (1996). O desenvolvimento integral da criança, afirmado como finalidade da Educação Infantil no artigo 29 da Lei de Diretrizes e Bases da Educação Nacional, suscita o seguinte questionamento: As propostas curriculares das instituições de Educação Infantil oportunizam o desenvolvimento integral das crianças?

As atuais Diretrizes Curriculares Nacionais para a Educação Infantil (2010, p. 17) reafirmam que as propostas pedagógicas das instituições de Educação Infantil devem cumprir sua função sociopolítica e pedagógica "assumindo a responsabilidade de compartilhar e complementar a educação e o cuidado das crianças com as famílias".

A dupla função "cuidar e educar", presente nesses documentos, contribui para garantir o desenvolvimento integral da criança, uma vez que não restringe o atendimento infantil ao cumprimento de cuidados básicos e, ao mesmo tempo, também não compactua com a escolarização precoce que faz da Educação Infantil um pêndulo do Ensino Fundamental. Isso requer uma reflexão crítica acerca da forma como as escolas de Educação Infantil têm se organizado para cumprir essa dupla função.

Nossas atividades como supervisores de estágio tanto no Ensino Médio como no Ensino Superior permitem-nos conhecer uma enorme disparidade na qualidade dos recursos físicos, materiais e humanos disponíveis nas instituições que prestam atendimento a crianças de zero a cinco anos. Cabe, ainda, apontar para o fato de que mesmo as instituições que dispõem dos recursos antes citados podem contemplar ou não o desenvolvimento integral da criança considerando a forma como se organizam para atendê-la, pois é bastante comum a padronização de comportamentos em um ambiente que é constituído pela diversidade. Ou seja, a rotina escolar está organizada de forma a garantir o funcionamento padrão da instituição, embora os ritmos das crianças sejam diferentes. Nessas instituições ainda predomina a ideia de cuidar como suprimento das necessidades básicas, sem considerar as crianças como sujeitos históricos, sociais e de direitos. O ato de cuidar, de acordo com Noddings (2003), não pode estar subordinado às regras da instituição, pois cuidar não é agir por determinação de regras, mas por afeto e consideração. Dessa forma, as ações de quem cuida serão variadas e imprevisíveis nos detalhes.

Uma organização curricular que venha ao encontro das necessidades das crianças requer sensibilidade para "captar a realidade do outro, sentir da maneira mais próxima possível o que ele sente" (NODDINGS, 2003, p. 30). Tal postura pedagógica por parte do cuidador-educador exige não somente sensibilidade em relação aos sentimentos do outro, mas também sua interferência ativa no tempo e no espaço para que sejam respeitadas as singularidades das crianças, e isso não deve ficar por conta do acaso, mas, ao contrário, deve ser amorosamente planejado.

A intencionalidade educativa na Educação Infantil deve estar em consonância com a ética universal do cuidado. Assim, as experiências cotidianas envolvendo cuidar-educar não podem ser frutos do improviso, mas ricamente planejadas. Planejar é ter clareza do que se almeja alcançar e tomar decisões refletidas, garantindo a coerência no processo educativo.

Segundo Ostetto (2002, p. 177), isso "não pode ser confundido com uma ficha preenchida formalmente, com uma lista do que se pretende fazer na sala de aula".

O planejamento, então, não é um roteiro rígido a ser seguido passo a passo, mas um instrumento flexível que mapeia a programação das atividades, a organização do tempo, do espaço, dos recursos e, ao mesmo tempo "[...] permite fazer variações e incorporações, bem como deixar de lado o que a situação, no momento da prática, não aconselhar que seja feito" (BASSEDAS; HUGUET; SOLÉ, 1999, p. 113). Planejar, então, é um exercício de benquerer aos educandos, pois eles devem ser a "razão" de todas as decisões tomadas no ambiente escolar. A educação para a paz não acontece "ao acaso", ela precisa ser desejada, planejada e construída sobre os alicerces da ética universal do cuidado.

3.4. Formas de promover a paz: perspectiva infantil

As crianças da Educação Infantil acreditam em suas capacidades de intervirem no mundo? Ao serem questionadas se poderiam fazer algo pela paz e sobre a forma como poderiam fazer isso, elas expressaram as seguintes ideias:

- *Tem que pegar um microfone bem grande e falar para parar a guerra.* (David, 5 anos)
- *Em vez de pegar as coisas sem pedir, tem que pegar as coisas com pedir. Fazer as coisas ao contrário do mal.* (Ivo, 5 anos)
- *Elas podem ajudar as outras crianças e ajudar o Jesus.* (Alice, 5 anos)
- *Brincar.* (César, 5 anos)

- *Só brincar. Não brigar, não bater.* (Kleber, 5 anos)
- *Elas podem brincar e dar abraço. Também tem que cuidar para não morrer logo de assalto.* (Guilherme, 5 anos)
- *Não matar os bichinhos, não "enticar" com bichos ferozes e brincar de tudo que quer.* (Vinícius, 5 anos)
- *Não brigar, e brincar com os bonequinhos.* (Humberto, 5 anos)
- *Podem brincar de pega-pega e de esconde-esconde. Ler sobre os animais. Perguntar para a mãe se pode fazer as coisas.* (Samuel, 5 anos)

Através da fala de David (5 anos), vimos que o pensamento das crianças desta idade ainda é permeado de fantasias, sendo que ele evidencia isso sugerindo o uso de um microfone gigante para parar a guerra. Alice (5 anos) e Vinícius (5 anos) consideram-se capazes de cuidar de outras crianças e do meio ambiente; Ivo (5 anos) e Samuel (5 anos) lembram que as crianças são capazes de fazer coisas boas e de respeitar os outros; Guilherme (5 anos) e Humberto (5 anos) também demonstram não concordarem com a violência.

Vimos, então, que o ambiente estimulador e democrático que predomina na Educação Infantil da escola pesquisada contribui para a construção de uma autoestima positiva por parte das crianças, de forma que todas as crianças entrevistadas demonstraram sentir-se competentes para intervir no mundo. Ou seja, elas sentem-se "empoderadas" a pensar e a agir pela paz.

Além disso, também é importante destacar que, das onze crianças entrevistadas, seis fizeram referência ao brincar, fazendo-nos concluir que, para elas, a educação para a paz deve perpassar essa linguagem.

Nossa experiência profissional ligada à Educação Infantil leva-nos a considerar não só o grande potencial que as crianças de cinco anos têm de agirem em favor da paz, mas a importância do brincar como um dos eixos condutores para que o compromisso com a cultura da paz comece a ser construído desde muito cedo, na infância.

Para ilustrar a viabilidade de uma proposta de educação para a paz na Educação Infantil, constituída a partir do brincar, fazemos referência aos projetos "EU SOU DA PAZ – arminhas, não!" e "A Mira é a Paz", desenvolvidos por crianças de cinco anos do Colégio Marista Pio XII, em Novo Hamburgo, e por crianças da mesma idade do Colégio Sinodal, em São Leopoldo. Inspirados nas campanhas municipais pela paz e pelo desarmamento, esses trabalhos tiveram como objetivo incentivar as crianças da escola e da comunidade a brincar *menos* com armas de brinquedo e *mais* com bonecas, bolas, carrinhos, panelinhas e outros tipos de jogos que ajudam a descobrir formas solidárias de conviver.

Durante esses projetos, que envolveram pais, professores, empresas e diversas escolas do município, cerca de quatro mil crianças tiveram a oportunidade de trocar suas armas de brinquedo por bonés (Figura 4) ou adesivos (Figura 5) da campanha pela paz e, ainda, escreveram seu nome na bandeira da paz (Figura 6). Todas as armas de brinquedo arrecadadas foram recicladas e transformadas em chaveiros com a forma de pomba colorida – símbolo criado pelas crianças do grupo –, os quais foram distribuídos à comunidade participante da campanha. As crianças integrantes do projeto participaram de todo o processo de transformação, ou seja, transportaram as caixas contendo as armas de brinquedo arrecadadas na campanha até a empresa de reciclagem (Figura 7), colocaram esses brinquedos em uma máquina para iniciar o processo de trituração e, depois, coletaram o material resultante dessa trituração para colocar na máquina injetora (Figuras 8 e 9). Por fim, elas mesmas ajudaram a retirar da injetora as primeiras pombas da paz resultantes da trituração das armas de brinquedo (Figura 10).

Figura 4: Boné da campanha pela paz.

Figura 5: Adesivo da campanha pela paz.

Figura 6: Bandeira da paz.

Além de transformarem, de forma concreta, o símbolo da violência em símbolo da paz, as crianças idealizadoras do projeto trocaram mensagens de paz com muitas outras crianças.

Essas mensagens de paz, levadas através de poemas, canções e desenhos, possibilitaram não somente a realização de trocas de armas de brinquedo, mas também de experiências educativas pela paz com muitas outras crianças de contextos sociais diversos. Assim, o grupo pôde observar de forma direta um pouco das injustiças sociais e, ao mesmo tempo, experimentar a construção da paz de forma cooperativa com outras crianças ao visitarem escolas públicas e particulares de diferentes bairros e municípios.

Figura 7: Parte das armas arrecadadas.

Figura 8: Material resultante da trituração das armas de brinquedo.

Figura 9: Processo de produção da pomba chaveiro.

Figura 10: Chaveiros distribuídos para as crianças da comunidade que participaram do projeto.

A ação de desfazer-se de uma ou mais armas de brinquedo não representa um indicativo de que a criança não irá mais valer-se deste tipo de brincadeira. Contudo, a ação de trocar um objeto que simboliza violência por outro que simboliza a paz certamente faz com que a criança inicie um processo de reflexão a respeito da violência no mundo. Tal ideia pode ser ilustrada pela fala e pelo desenho realizado por Raul (5 anos). Esse menino desenhou um avião de guerra soltando corações vermelhos e, ao ser indagado sobre o significado de seu desenho, explicou: "Eu queria ter um aviãozinho que soltava paz! Ele voaria lá do alto e soltaria corações que fariam as armas e as bombas desaparecerem".

Esse exemplo ilustra o quanto Raul vivenciou um processo de ressignificação de brinquedos de guerra. Ao mesmo tempo que ele gosta e tem desejo de brincar com aviãozinho de guerra, também se mostra reflexivo e questionador sobre os danos que um avião de guerra produz. Ele construiu essas ideias a partir de sua atuação ativa no planejamento e na organização das atividades realizadas dentro do projeto "A Mira é a Paz".

As reflexões e atividades realizadas pelas crianças durante o desenvolvimento desses projetos não se restringiram ao desarmamento. Também é possível destacar: pesquisas, com a ajuda de familiares, sobre pessoas que promoveram a paz e o bem-estar social; releituras de obras de Pablo Picasso: *Visão de paz*, *Homem em favor da paz*, *Mundo sem armas*, *Pomba azul*, *Pomba da paz*, *A criança e a pomba*; leitura, por capítulos, das obras: *O menino do dedo verde*, de Maurice Druon; *Os direitos da criança*, de Ruth Rocha; *Serafina e a criança que trabalha*, de Jô Azevedo e Iolanda Porto; de poesias, como *Paraíso*, de José Paulo Paes, e *Quando eles souberem*, de Maria Dinorah; trabalho com músicas infantis, como *Canção das brincadeiras* e *Ser criança*, de Rubinho do Vale. Também foram abordados temas referentes ao meio ambiente, tais como queimada das matas, extinção de animais, poluição de rios e praias, consumo consciente de água, de luz e de papel.

Assim, o trabalho a partir de projetos pedagógicos vem ao encontro de uma proposta de educar para a paz, uma vez que esse modo de planejar permite participação ativa das crianças e possibilita abertura às proposições dos outros e ao confronto de opiniões, suscitando uma experiência positiva de solidariedade e respeito. Da mesma forma, como mostram essas experiências a partir de projetos, o brinquedo e a brincadeira vinculam-se à função pedagógica na Educação Infantil e podem constituir-se em instrumentos de educar para a paz, porque através deles as crianças aprendem sobre si mesmas, sobre os outros e sobre o mundo.

3.5. O direito de brincar e ser feliz

No Brasil, a Lei 8.069, de 13 de julho de 1990, que dispõe sobre o Estatuto da Criança e do Adolescente, determina que o lazer é um direito das crianças e que esse deve ser assegurado pela família, pela sociedade em geral e pelo poder público. Redin (2003, p. 57) problematiza a legalização desse direito, pois, segundo ele, "sempre que um direito é garantido em lei e estatuto, ou responde a interesses ou indica que ele está sendo violado. Se ele fosse garantido, não necessitava ser legislado".

Assim como o direito à assistência médica, moradia, alimentação, vestuário etc., também "o direito de brincar", no Brasil, é privilégio de poucos. De acordo com a Pesquisa Nacional por Amostra de Domicílio (PNAD), desenvolvida pelo Instituto Brasileiro de Geografia e Estatística (IBGE) em 2012, embora venham caindo os índices de crianças sujeitas ao trabalho infantil no Brasil, ainda são 3,5 milhões de crianças e adolescentes entre cinco e dezessete anos de idade que continuam sujeitos ao trabalho infantil. Enquanto se mantiver uma estrutura social desigual, com a concentração da renda nas mãos de poucos, o direito de brincar continuará sendo utopia e grande parte de nossas crianças continuará perdendo a infância, quebrando pedra, catando lixo, trabalhando na roça, ou prostituindo-se.

Por outro lado, crianças de classes sociais privilegiadas também são, parcialmente, roubadas no seu direito de brincar. Pais e educadores, preocupados em prepará-las para a vida em uma sociedade competitiva, na qual, para manter ou alcançar certo *status*, é preciso "ter" e "saber" mais que os outros, ocupam o tempo das crianças com uma agenda desproporcional a suas idades. Dessa forma, cada dia mais as crianças têm seu tempo ocupado com tarefas escolares, aulas de inglês, espanhol, computação, judô, piano, futebol. Depois disso, se sobrar tempo, aí então elas brincam!

Quando são tirados das crianças o direito e o tempo de brincar, também lhes são roubadas chances de desenvolver-se integralmente, pois é através da brincadeira que elas vivem plenamente a infância e aprendem sobre o mundo. Em outras palavras, nas brincadeiras elas experimentam e descobrem; inventam e testam suas capacidades; aprendem; enfrentam situações de conflitos; expressam seus medos e angústias; desenvolvem o companheirismo, o respeito mútuo e a solidariedade.

Da mesma forma, a ausência da atividade lúdica também rouba, dos educadores, a rica oportunidade de conhecerem o jeito de ser, de pensar e de aprender dos seus alunos (MOYLES, 2002). Brincar, então, é algo muito sério para as crianças e para os profissionais que trabalham com elas. Essa atividade não pode ser vista ou considerada apenas como um passatempo ou atividade sem valor educativo, pois dela depende o desenvolvimento social, cognitivo, motor e emocional da criança. O "brincar, expressando emoções, sentimentos, pensamentos, desejos e necessidades" (BRASIL, 1998, v. 1, p. 63), é um dos objetivos gerais da Educação Infantil.

Também as Diretrizes Curriculares Nacionais para a Educação Infantil (2010) pontuam que "as práticas pedagógicas que compõem a proposta curricular da Educação Infantil devem ter como eixos norteadores as interações e a brincadeira", evidenciando certa preocupação em relação às práticas escolarizadas que primam pelo ensino precoce da leitura e da escrita em detrimento das outras tantas linguagens das crianças, tais como a música, a dança, a arte, o sabor, a imaginação, o movimento etc.

A importância da atividade lúdica não se limita ao mundo infantil, mas se projeta para além da infância, "como uma dimensão humana" (REDIN, 2003, p. 63), ou seja, necessária em todas as fases da vida. Da mesma forma, Moyles (2002) afirma que, "em todas as idades, o brincar é realizado por puro prazer e cria uma atitude alegre em relação à vida e à aprendizagem". Dentro dessa dimensão, o brincar é essencial para a formação do "hábito de ser feliz" (MOYLES, 2002, p. 21).

3.6. O brincar e a educação para a paz

Através das brincadeiras as crianças podem experimentar diferentes papéis em situações imaginárias nas quais seus desejos não realizáveis no plano da realidade podem ser realizados. Encontram nas brincadeiras a possibilidade de viver o papel de pai ou de mãe; de professor, de aviador, de médico; de príncipe ou de princesa; de policial, de super-herói e, até mesmo, de ladrão. Então elas transformam o espaço, organizando casinhas, escolas, supermercados, salão de beleza, presídio ou quartel-general etc.

Dramatizando e "fazendo de conta", as crianças vão construindo aprendizagens referentes aos relacionamentos humanos. Através da representação de papéis, elas aliviam suas tensões e, aliviadas das tensões, encontram a paz interior. As pessoas, então, precisam de liberdade para brincar, contudo isso não significa que não se deva ficar atento ao tipo de brinquedo que é oferecido às crianças. Desde cedo podemos oferecer-lhes oportunidade de optarem por jogos e brinquedos que as auxiliem a enfrentar a vida de forma solidária e humana. Isso não significa nem justifica que o adulto interfira no jogo simbólico das crianças dizendo-lhes do que devem ou não devem brincar, uma vez que o jogo é um exercício pessoal de criatividade. Segundo Bettelheim (1988, p. 179), na brincadeira infantil "[...] a espontaneidade e o direcionamento interno são de importância suprema; sem eles, grande parte de seu valor é destruído". Assim, a criança precisa desenvolver com a boneca, com o carrinho ou com outro brinquedo o jogo que desejar, pois o tema/conteúdo de seu jogo se ajusta às suas necessidades interiores, as quais são, muitas vezes, desconhecidas pelo adulto.

Revólveres de vários tipos, espadas, tanques e aviões de guerra, entre outros, fazem parte do patrimônio lúdico das crianças e então surgem dúvidas: pais e educadores devem permitir o desenvolvimento desses jogos entre as crianças? Bettelheim (1988) afirma que os pais não devem impedir que as crianças façam a descarga de seus sentimentos agressivos através das brincadeiras simbólicas. Não permitir ou até mesmo castigar a criança quando brinca de matar é uma atitude que pouco contribuirá para a educação para a paz, pois, ao mesmo tempo que ela é impedida de liberar suas tensões, também não desenvolve uma postura crítica em relação ao uso de armas.

Segundo Bettelheim (1988, p. 180), persuadir a criança a não usar armas de brinquedo, falando-lhe ou mostrando-lhe na televisão os horrores da guerra, também é uma posição que tende a ser pouco eficaz em sua educação, pois impressioná-la com as trágicas consequências das guerras que acontecem em lugares longínquos, que não têm relação com suas vivências, pode acarretar-lhe sentimento de falta de poder.

Contudo, isso não significa que as crianças devam ser presenteadas e estimuladas a brincar de matar e de morrer, mas, quando esses jogos acontecem, precisam ser adequadamente trabalhados pelos responsáveis, pois a caridade começa em casa, e o mesmo acontece com o aprendizado sobre a agressão. A criança entenderá que atirar e matar pessoas é errado quando o pai, que foi o alvo da brincadeira, pergunta quem irá providenciar o leite no futuro, ou comprar sorvete. Esse tipo de pergunta pode convencer a criança da necessidade de manter sua agressão sob controle no seu melhor interesse, de uma forma que nenhuma descrição abstrata dos horrores da guerra poderia conseguir (BETHELHEIM, 1988, p. 181).

Na escola, onde a criança tem contato com muitas outras de sua idade, também acontecem frequentes "tiroteios" de faz de conta, e os adultos, na ansiedade de impedir que elas continuem desenvolvendo esses jogos, "[...] roubam à criança a valiosa lição de que, se tentamos atirar nos outros, eles atirarão de volta, e todo mundo vai sair perdendo" (BETTELHEIM, 1988, p. 181). Dessa forma, podemos concluir que esses jogos não devem ser estimulados nem impedidos, mas sim trabalhados pelo adulto no sentido de auxiliar a criança em seu processo de reflexão, pois "[...] atirar no pai é uma coisa que ela *pode* controlar, e a respeito da qual pode fazer, de fato, alguma coisa" (BETTELHEIM, 1988, p. 180).

Na prática, como educadores na área da Educação Infantil, é possível observar, também, o quanto o jogo de guerra e de luta agita o ambiente escolar e interfere negativamente nas relações entre as crianças, pois, durante a sua realização, ainda que seja "sem querer", elas machucam umas às outras. Por outro lado, também podemos vivenciar o quanto as crianças aceitam substituir essa atividade por outra, com uma proposta cooperativa em que o prazer seja ajudar e não matar o outro.

As crianças precisam de tempo, de muito tempo, para brincar. Bolas, bonecas, carrinhos, fantoches, fantasias, blocos de construção etc. devem fazer parte de seu mundo, porque são alicerces para a construção do conhecimento e, principalmente, por possibilitarem experiências solidárias. Assim, o jogo simbólico vincula-se à função pedagógica na Educação Infantil e pode constituir-se em instrumento de educar para a paz, porque, através dele, a criança libera tensões, vive a plenitude da infância e desenvolve a capacidade de se relacionar.

Contudo, vimos que através de diversos jogos as crianças têm sido ensinadas que devem competir para alcançar as metas do jogo antes dos outros e, assim, ser "melhores" que eles. Nesses jogos, aquele que deveria ser seu companheiro de brincadeira passa a ser seu "adversário", ou seja, aquele a quem é preciso eliminar. "A competição não une as pessoas, antes as separa mais" (BROWN, 1994, p. 17), pois remete a sentimentos de desumanidade contra o outro e reforça o binômio ganhador-perdedor.

Os jogos cooperativos, por sua vez, libertam da competição, da eliminação, da agressão; libertam para criar. Através deles desenvolvem-se atitudes de empatia, de cooperação, de estima e de diálogo (BROWN, 1994, p. 24-25). O diálogo é utilizado para resolver situações conflituosas ou de disputas, e esse é um exercício que deve começar na infância, podendo fazer parte do jogo infantil. Brincar é uma linguagem que estimula a atividade do cérebro e do corpo (MOYLES, 2002), daí sua importância para a formação de sujeitos capazes de refletir sobre a realidade e de intervir nela. A Educação Infantil precisa ser vista como uma instituição com possibilidade de promover a formação criativa de construtores da paz.

Como educadores comprometidos com a cultura da paz, podemos e devemos, desde cedo, iniciar, com as crianças, um processo de reflexão crítica a respeito da utilização de qualquer tipo de violência como forma de se relacionar ou resolver conflitos, seja nos momentos de brincadeiras espontâneas, seja nos momentos de atividades orientadas. Educar para a paz na Educação Infantil requer que seja resguardado, no currículo, o tempo e o espaço para as crianças brincarem, bem como o direito de elas decidirem o tipo de jogo e a forma como irão desenvolvê-lo. Se não for assim, estão sendo infringidos a Constituição Federal, o Estatuto da Criança e do Adolescente e a Lei de Diretrizes e Bases da Educação Nacional, uma vez que esses documentos asseguram o desenvolvimento integral às crianças. Nenhuma criança desenvolve-se integralmente se é privada da atividade lúdica.

Cabe aos educadores, à luz da ética universal e da justiça, cuidar das crianças e educá-las para serem cuidadoras de tudo o que existe. E isso não é feito a partir de projetos isolados, mas deve estar inserido em tudo o que acontece, todos os dias, na escola de Educação Infantil, no seu currículo.

CONSIDERAÇÕES FINAIS

As reflexões acerca da viabilidade de educar para a paz na Educação Infantil e a forma como isso pode ser feito apresentadas aqui foram construídas a partir de um olhar atento e de uma escuta sensível lançados às crianças de cinco anos que frequentam a Educação Infantil de uma escola privada.

As informações coletadas e a análise crítica mostram que as crianças não estão alheias ao que acontece à sua volta, mas estão aprendendo o mundo e construindo suas concepções sobre paz e sobre violência. Através de suas falas, revelam-se atentas às situações de violência direta e doméstica, embora ainda não tenham identificado, claramente, a presença da violência estrutural. Elas possuem uma visão ampla e positiva de paz, relacionando-a ao prazer de ter amigos, à alegria de brincar, a belezas ambientais e ao amor de Deus. Percebem-se como sujeitos históricos capazes de intervir pela paz no mundo e destacam as experiências envolvendo o "brincar" como caminho pelo qual constroem a paz.

Durante as entrevistas elas também afirmaram que "cuidar das crianças" é um dos compromissos dos adultos na implementação de uma cultura da paz. Dessa forma, o cumprimento da função "cuidar-educar" no currículo da Educação Infantil é uma das condições básicas para a formação de sujeitos ativamente comprometidos com a cultura da paz, uma vez que a violência acontece quando o ser humano não cuida de si e de tudo o que está à sua volta.

É importante observar e ouvir as crianças no momento em que se planeja e se organiza tudo o que acontece no ambiente educativo, pois, dependendo da forma como ele for estruturado, poderá favorecer ou dificultar a construção da cultura da paz. Ou seja, dificultará na medida em que educar as crianças para a obediência e a passividade, pois assim elas continuarão aceitando as injustiças como um destino dado. E promoverá a cultura da paz na medida em que se considerar a criança como sujeito histórico e acreditar em suas possibilidades de intervir no mundo. Para isso, é preciso que as escolas não só incluam discussões e reflexões acerca da violência e da paz em seu currículo, criando oportunidades para as crianças expressarem o que sabem e o que sentem em relação ao que acontece à sua volta e no mundo, mas que construam, de maneira muito sólida, um ambiente onde adultos e crianças vivam cotidianamente a cooperação, a democracia e a justiça. Isso é factível a partir de uma educação libertadora, como sugere Paulo Freire, uma vez que ela rejeita a passividade e promove a conscientização das pessoas, bem como a sua intervenção no mundo em busca da justiça social.

A infância é o momento adequado para iniciar a construção da cultura da paz, considerando que as aprendizagens, nesta fase, são intensas e profundas. A conscientização e a luta não violenta são caminhos que conduzem à justiça social. Embora as crianças da Educação Infantil não consigam desenvolver claramente a visão de injustiça, elas podem formar um lastro, uma base para fazê-la futuramente.

A escola de Educação Infantil se constitui, então, em uma importante via de educar para a paz, e não pode restringir-se a buscar a paz através de investimentos em sistemas de segurança, como guardas ou câmaras de vídeo nas portas das escolas. Também não pode ficar limitada a promover a participação das crianças em campanhas para arrecadar donativos em determinadas épocas do ano. Investimentos em sistemas de segurança, bem como promoções de campanhas assistencialistas, são medidas paliativas, pois amenizam circunstancialmente a injustiça, sem envolver uma significativa mudança estrutural.

O trabalho desenvolvido na escola pesquisada mostra que existe, nessa instituição, a preocupação e o compromisso com a temática da paz, uma vez que essa escola vem abrindo espaço em seu currículo para que educadores e estudantes reflitam e participem da construção da cultura da paz. Contudo, na turma de Educação Infantil observada, a experiência pedagógica desenvolvida a partir desse projeto deu maior destaque à violência do que à paz, pois as conversas e os registros gráficos desenvolvidos durante este projeto ficaram centralizados na questão da guerra no Iraque.

A educação para a paz solidifica-se a partir da escuta, do diálogo e de trocas entre os diferentes. Ela promove o respeito à vida, rejeitando qualquer tipo de violência, seja ela física, sexual, étnica, psicológica, de classe, de palavras ou de ações. Objetiva a aprendizagem de resolver conflitos sem o uso de violência e entende que o conflito deve ser visto como um componente básico da vida social e necessário para o crescimento dos seres humanos.

No momento atual, a educação para a paz é uma exigência primordial da sociedade, devendo ocupar posição de destaque no contexto educacional. A escola não deve limitar sua tarefa a formar pessoas aptas para competir no mercado de trabalho, mas comprometer-se com a valorização da vida.

Educação para a paz é um compromisso possível de ser sonhado e construído a partir da superação da injustiça e da violência. Esse sonho é um ato político necessário no momento atual.

REFERÊNCIAS BIBLIOGRÁFICAS

AGUILLERA, Beatriz et al. *Educar para a paz;* una propuesta posible. Madrid: Cyan, 1990. Seminario de Educación para la Paz – APDH-CIP.

ASSMANN, Hugo. *Crítica à lógica da exclusão;* ensaios sobre economia e teologia. São Paulo: Paulus, 1994.

BASSEDAS, Eulália; HUGUET, Teresa; SOLÉ, Isabel. *Aprender e ensinar na educação infantil.* Porto Alegre: Artmed, 1999.

BAUER, Martin W.; GASKELL, George (ed.). *Pesquisa qualitativa com texto, imagem e som.* Trad. Pedrinho A. Guareschi. Petrópolis: Vozes, 2002.

BECKER, Fernando. *A origem do conhecimento e a aprendizagem escolar.* Porto Alegre: Artmed, 2003.

BETTELHEIM, Bruno. *Uma vida para seu filho;* pais bons o bastante. Trad. Maura Sardinha e Maria Helena Geordane. Rio de Janeiro: Campus, 1988.

BICUDO, Hélio. *Violência;* o Brasil cruel e sem maquiagem. São Paulo: Moderna, 1994.

BICUDO, Maria Aparecida Viggiani. *A formação do educador visando à cultura pela paz.* Rio Claro: Unesp, 1994.

BOFF, Leonardo. *A oração de São Francisco;* uma mensagem de paz para o mundo atual. 2.ed. Rio de Janeiro: Sextante, 1999a.

_____. *Saber cuidar;* ética do humano – compaixão pela terra. 2.ed. Petrópolis: Vozes, 1999b.

BOGDAN, Robert; BIKLEN, Sari. *Investigação qualitativa em educação;* uma introdução à teoria e aos métodos. Porto: Porto Editora, 1994.

BRANDÃO, Ignácio de Loyola. *Cães danados.* [s.l.]: Comunicação, 1977.

BRASIL. *Constituição da República Federativa do Brasil.* São Paulo: Imprensa Oficial do Estado, 1988.

_____. *Diretrizes Curriculares Nacionais para a educação infantil.* Brasília: MEC/SEB, 2010.

_____. *Estatuto da Criança e do Adolescente.* Lei n. 8.069, de 13 de julho de 1990. São Paulo: CBIA-SP, 1991.

_____. *Lei de Diretrizes e Bases da Educação Nacional;* Lei n. 9.394, de 20 de dezembro de 1996.

_____. *Referenciais Curriculares Nacionais para educação infantil.* Brasília: MEC/SEF, 1998. 3 v.

BROWN, Guillermo. *Jogos cooperativos;* teoria e prática. Trad. Rui Bender. São Leopoldo: Sinodal, 1994.

BUJES, Maria Isabel E.; HOFFMANN, Jussara M. L. A creche à espera do pedagógico. *Perspectiva,* Florianópolis, v. 9, n. 16, p. 112-132, jan./dez. 1991. Também disponível em: <https://periodicos.ufsc.br/index.php/perspectiva/article/view/9130/10682>.

_____. A invenção do eu infantil: dispositivos pedagógicos em ação. *Revista Brasileira de Educação,* ANPED, n. 21, p. 17-39, set./dez. 2002.

_____. Escola infantil: pra que te quero? In: CRAIDY, Carmem; KAERCHER, Gládis. *Educação infantil:* pra que te quero? Porto Alegre: Artmed, 2001. p. 13-22.

CARVAJAL, Guillermo. *Tornar-se adolescente;* a aventura de uma metamorfose. São Paulo: Cortez, 1998.

CEADPAZ (Centro de Educação a Distância para a Paz). *Conceitos fundamentais em educação para a paz;* módulo I. Curso: Aprender a educar para a paz, 2004. Compêndio de materiais didáticos. Disponível em: <http://www.ceadpaz.org.br/curso_aprender.htm>. Acesso em: 25 maio 2004.

_____. *Fortalecendo pessoas para serem ativistas de não violência;* módulo III. Disponível em: <http://www.ceadpaz.org.br/curso_aprender.htm>. Acesso em: 29 maio 2004.

_____. *História, importância e fundamentos de educação para a paz;* módulo II. Disponível em: <http://www.ceadpaz.org.br/curso_aprender.htm>. Acesso em: 19 jun. 2004.

COUTINHO, Ângela Maria Scalabrin. *As crianças no interior da creche;* a educação e o cuidado nos momentos de sono, higiene e alimentação (2002). Disponível em: <https://moodle.ufsc.br/mod/resource/view.php?id=497709>. Acesso em: 23 mar. 2005.

CUNHA, Maria Isabel. *O bom professor e sua prática.* 2. ed. Campinas: Papirus, 1992.

DE VRIES, Rheta; ZAN, Betty. *A ética na educação infantil;* o ambiente sociomoral na escola. Porto Alegre: Artes Médicas, 1998.

DEMARTINI, Zeila de B. F.; FARIA, Ana Lúcia G. de; PRADO, Patrícia D. (orgs.). *Por uma cultura da infância;* metodologia de pesquisa com crianças. São Paulo: Autores Associados, 2002.

DUSKA, Ronald; WHELAN, Marillen. *O desenvolvimento na idade evolutiva;* um guia a Piaget e Kohlberg. São Paulo: Loyola, 1994.

EDWARDS, Carolyn; GANDINI, Lela; FORMAN, George. *As cem linguagens da criança.* A abordagem de Reggio Emilia na educação da primeira infância. Porto Alegre: Artes Médicas Sul, 1999.

FAZENDA, Ivani. C. A. *Interdisciplinaridade;* qual o sentido? São Paulo: Paulus, 2003. v. 1. 84 p.

FELIPE, Jane. Aspectos gerais do desenvolvimento infantil. In: CRAIDY, Carmem (org.). *O educador de todos os dias;* convivendo com crianças de 0-6 anos. Porto Alegre: Mediação, 1998. p. 7-17.

FERNÁNDEZ, Alicia. *A inteligência aprisionada.* 2. ed. Porto Alegre: Artes Médicas, 1991.

FERRARO, Alceu; MACHADO, Nádie Christina Ferreira. Da universalização do acesso à escola no Brasil. In: Id. *Educação & Sociedade,* Campinas, ano XXIII, n. 79, ago./2002. Disponível em: <http://www.scielo.br/pdf/es/v23n79/10855>.

FORNEIRO, Lina Iglesias. A organização dos espaços na educação infantil. In: ZABALZA, Miguel A. *Qualidade em educação infantil.* Porto Alegre: Artmed, 1998. p. 229-281.

FOWLLER, James W. *Estágios da fé.* Trad. Júlio Paulo Tavares Zabatiero. São Leopoldo: Sinodal, 1992.

FREIRE, Madalena. *A paixão de conhecer o mundo.* 3.ed. Rio de Janeiro: Paz e Terra, 1983.

_____; DAVINI, Juliana. *Psicanálise e educação;* em busca das tessituras grupais São Paulo: Espaço Pedagógico, 1998.

FREIRE, Paulo. *A educação na cidade.* São Paulo: Cortez, 1991.

_____. *Conscientização;* teoria e prática da libertação: uma introdução ao pensamento de Paulo Freire. 3. ed. Trad. Kátia de Mello e Silva. São Paulo: Moraes, 1980.

_____. *Educação e mudança.* 5. ed. Rio de Janeiro: Paz e Terra, 1982.

_____. O papel educativo da igreja na América Latina. In: Id. *Ação cultural para liberdade e outros escritos*. 9. ed. São Paulo: Paz e Terra, 1976. p. 105-127.

_____. *Pedagogia da autonomia;* saberes necessários à prática educativa. 15. ed. São Paulo: Paz e Terra, 2000a.

_____. *Pedagogia da esperança:* um reencontro com a pedagogia do oprimido. Rio de Janeiro: Paz e Terra, 1992.

_____. *Pedagogia da indignação;* cartas pedagógicas e outros escritos. São Paulo: Unesp, 2000b.

_____. *Pedagogia do oprimido.* 3. ed. Rio de Janeiro: Paz e Terra, 1975.

_____. *Professora sim, tia não;* cartas a quem ousa ensinar. 9. ed. São Paulo: Olho d'Água, 1998.

_____. *Pedagogia dos sonhos possíveis.* Organização e apresentação de Ana Maria Araújo Freire. São Paulo: Unesp, 2001.

GASKELL, George. Entrevistas individuais e grupais. In: BAUER, Martin W.; GASKELL, George (ed.). *Pesquisa qualitativa com texto, imagem e som.* Trad. Pedrinho A. Guareschi. Petrópolis: Vozes, 2002. p. 64-89.

GILES, Thomas Ransom. *História da educação.* São Paulo: EPU, 1987.

GIROUX, Henry A. *Os professores como intelectuais;* rumo a uma pedagogia crítica de aprendizagem. Porto Alegre: Artmed, 1997.

GOBBI, Márcia. Desenho infantil, e oralidade: instrumentos para pesquisa com crianças pequenas. In: DEMARTINI, Zeila de B. F.; FARIA, Ana Lúcia G.de; PRADO, Patrícia D. (orgs.). *Por uma cultura da infância;* metodologia de pesquisa com crianças. São Paulo: Autores Associados, 2002. p. 69-92.

GRAUE, M. Elizabeth; WALSH Daniel J. *Investigação etnográfica com crianças;* teorias, métodos e ética. Trad. Ana Maria Chaves. Lisboa: Fundação Calouste Gulbenkian, 2003.

GUIMARÃES, José Luiz. O financiamento da educação infantil: quem paga a conta? In: MACHADO, Maria Lúcia de A. (org.). *Encontros e desencontros em educação infantil.* São Paulo: Cortez, 2002. p. 43-56.

GUIMARÃES, Marcelo R. *Cidadãos do presente;* crianças e jovens na luta pela paz. São Paulo: Saraiva, 2002.

_____. *Um novo mundo é possível;* dez boas razões para educar para a paz, praticar a tolerância, promover o diálogo interreligioso, ser solidário, promover os direitos humanos. São Leopoldo: Sinodal, 2004.

HERNÁNDEZ, Fernando; VENTURA, Montserrat. *Transgressão e mudança na educação.* Trad. Jussara Haubert Souza Horn. Porto Alegre: Artmed, 1998.

_____. *A organização do currículo por projetos de trabalho;* o conhecimento é um caleidoscópio. 5. ed. Trad. Jussara Haubert Souza Horn. Porto Alegre: Artmed, 1998.

JARES, Xesús R. *Educação para a paz;* sua teoria e sua prática. 2. ed. Porto Alegre: Artmed, 2002.

KATZ, Lilian. O que podemos aprender em Reggio Emilia? In: EDWARDS, Carolyn; GANDINI, Lela; FORMAN, George. *As cem linguagens da criança.* A abordagem de Reggio Emilia na educação da primeira infância. Porto Alegre: Artes Médicas Sul, 1999. p. 37-55.

LINO, Dalila Brito, A rotina diária nas experiências-chave do modelo High-Scope. In: ZABALZA, Miguel A. *Qualidade em educação infantil.* Porto Alegre: Artmed, 1998. p. 185-204.

LOPES, Alice Casimiro; MACEDO, Elisabeth. O pensamento curricular no Brasil. In: Id. *Currículo;* debates contemporâneos. São Paulo: Cortez, 2002, v. 2, p. 13-54 (Série Cultura, memória e currículo).

LUZ, Arisa Araújo da. Educação infantil e primeiros anos do Ensino Fundamental: a difícil passagem. *Espaços da Escola*, Ijuí, ano XI, n. 43, p. 5-8, jan./mar. 2002.

MALDONADO, Maria Tereza. *Os construtores da paz;* caminhos da prevenção da violência. São Paulo: Moderna, 1997.

_____. *A prevenção da violência na família e na escola.* Disponível em: <http://www.ceadpaz.org.br/curso_aprender.htm>. Acesso em: 20 maio 2004.

MANIFESTO DE SEVILHA. Disponível em: <http://www.unesco.org/cpp/sp/declaraciones/sevilla.htm> e <http://www.londrinapazeando.org.br/index.php/unesco/422>.

MARQUES, Circe Mara. *Educar para a paz;* um projeto viável na educação infantil. São Leopoldo: IEPG, 2000. Monografia de conclusão do curso de especialização.

McLAREN, Peter. Um legado de luta e de esperança. *Pátio*, Porto Alegre, n. 2, ano 1, p. 10-13, ago./out., 1997.

MORÁN, Anaida Pascual. *Acción civil noviolenta;* fuerza de espíritu, fuerza de paz. San Juan: Publicaciones Puortorriqueñas, 2003.

MORENO, Maria del Carmen; CUBERO, Rosario. Relações sociais nos anos pré-escolares: família, escola, colegas. In: COLL, César; PALACIOS, Jesús; MARCHESI, Álvaro (orgs.). *Desenvolvimento psicológico e educação.* Porto Alegre: Artmed, 1995. v. 1, p. 190-202.

MOYLES, Janet R. S*ó brincar? O papel do brincar na educação infantil.* Trad. Maria Adriana Veríssimo Veronese. Porto Alegre: Artmed, 2002.

MULLER, Jean-Marie. *O princípio da não violência;* percurso filosófico. Trad. Maria Fernanda Oliveira. Lisboa: Instituto Piaget, 1995.

_____. *Vocabulário da não violência.* Trad. Ana Lúcia de Jesus. São Paulo: Loyola, 1991.

NODDINGS, Nel. Por que se importar com o cuidado? In: Id. *Cuidado;* uma abordagem feminista à ética e à educação moral. São Leopoldo: Unisinos, 2003. p. 19-46.

OLIVEIRA-FORMOSINHO, Julia. Contextualização do modelo curricular *high/scope* no âmbito do "projeto infância". In: ZABALZA, Miguel A. *Qualidade em educação infantil.* Porto Alegre: Artmed, 1998.

OSTETTO, L. E. Planejamento na educação infantil: mais que a atividade, a criança em foco. In: OSTETTO, L. E. (org.). *Encontros e encantamentos na educação infantil.* Campinas: Papirus, 2002. p. 175-200.

PADILLA, Maria Luisa; GONZÁLEZ, Maria del Mar. O conhecimento social e o desenvolvimento moral nos anos pré-escolares. In: COLL, César; PALACIOS, Jesús; MARCHESI, Alvaro (orgs.). *Desenvolvimento psicológico e educação.* Porto Alegre: Artmed, 1995. v. 1, p. 165-177.

_____. O conhecimento social e o desenvolvimento moral nos anos escolares. In: COLL, César; PALACIOS, Jesús; MARCHESI, Álvaro (orgs.). *Desenvolvimento psicológico e educação.* Porto Alegre: Artmed, 1995. v. 1, p. 232-242.

PALACIOS, Jesús; HIDALGO, Victoria. O desenvolvimento da personalidade nos anos pré-escolares. In: COLL, César; PALACIOS, Jesús; MARCHESI, Álvaro (orgs.). *Desenvolvimento psicológico e educação.* Porto Alegre: Artmed, 1995. v. 1, p. 178-189.

REDIN, Euclides. *O espaço e o tempo da criança;* se der tempo a gente brinca. 4. ed. Porto Alegre: Mediação, 2003.

RINALDI, Carla. *Diálogos com Reggio Emilia;* escutar, investigar e aprender. São Paulo: Paz e Terra, 2012.

RODRIGO, Maria José. Processos cognitivos básicos nos anos pré-escolares. In: COLL, César; PALACIOS, Jesús; MARCHESI, Alvaro (orgs.). *Desenvolvimento psicológico e educação.* Porto Alegre: Artmed, 1995. v. 1, p. 123-134.

SARMENTO. Culturas infantis e interculturalidade. In: DORNELLES, Leni Vieira (org.). *Produzindo pedagogias interculturais na infância.* Petrópolis: Vozes, 2007. p. 19-40.

TARDIF, Maurice. *Saberes docentes e formação profissional.* Trad. Francisco Pereira. 3. ed. Petrópolis: Vozes, 2002.

TORRES NOVOA, Carlos A. *Consciência e história;* a práxis educativa de Paulo Freire. São Paulo: Loyola, 1979.

UNESCO. *Manifesto 2000;* cultivemos a paz. Brasília: Unesco, 2000.

UNICEF. Situação Mundial da Infância em 2012: crianças em um mundo urbano. Disponível em: <http://www.unicef.org/brazil/pt/PT-BR_SOWC_2012.pdf>. Acesso em: 6 ago. 2014.

ZABALZA, Miguel A. *Qualidade em educação infantil.* Porto Alegre: Artmed, 1998.

ZAGURY, Tânia. *Educar sem culpa;* a gênese da ética. 5. ed. Rio de Janeiro: Record, 1995.

Impresso na gráfica da
Pia Sociedade Filhas de São Paulo
Via Raposo Tavares, km 19,145
05577-300 - São Paulo, SP - Brasil - 2015